장애를 왜 이해해야 할까요?

4 장애 · 교실 속 작은 사회

4 장애

교실 속 작은 사회

장애를 왜 이해해야 할까요?

백정연 글
김민우 그림

어크로스 주니어

추천사

★★★★★

우리 아이들이 살아가는 학교와 교실에서 실제로 일어나는 생생한 사례들을 담은 이 책과 만나게 되어 참 반갑고 고맙습니다. 아이들도 때로는 혼자 끙끙 앓으며 어떻게 해야 할지 몰라 마음을 졸이고는 합니다. 이 책은 그런 순간마다 또래 친구들과의 이야기 속에서 실마리를 발견하고, 자신의 속마음을 들여다보며 해결의 실마리를 찾을 수 있도록 이끌어 주는 따뜻한 마중물이 되어 줍니다.

자칫 무겁고 어렵게 느껴질 수 있는 주제들을 일방적인 설명이나 훈계가 아니라, 어린이들과 함께 고민하고 공감하며 스스로 판단하고 성장할 수 있도록 안내하는 방식이 무엇보다도 매력적입니다.

〈교실 속 작은 사회〉 시리즈는 어린이들뿐 아니라 아이들의 마음을 더 깊이 이해하고 싶은 부모님과 선생님들께도 꼭 추천하고 싶습니다. 평화로운 교실과 세상을 꿈꾸는 모든 분들과 함께 읽고 싶은 책입니다.

- 전국초등사회교과모임

★★★★★

　책을 읽는 동안 저는, 교실이라는 사회 속 어딘가에서 윤아와 은찬이, 태훈이와 소을이 그리고 민재를 만나고 온 기분이 들었습니다. 마치 같은 반에서 자리 한편을 차지하고 앉아 함께 생활하며 어울린 느낌입니다. 덕분에 우리가 살아가며 한 번씩은 겪게 되지만, 어떻게 해야 할지 몰랐던 일들을 친절하게 배워 갑니다. 서로를 대하는 방법도 알아 갑니다.

　잠시 시간을 내어 주변을 한번 둘러볼까요? 우리 학교에는 어떤 친구들이 있는지요. 닮은 친구는 있어도 똑같은 친구는 없답니다. 쌍둥이도 다르니까요. 장애도 마찬가지예요. 이 책은 이렇게 서로 다른 우리가 학교에서, 그리고 어른이 되어 살아갈 사회에서 함께 잘 지낼 수 있도록 친절하게 안내해 줍니다.

　서로를 배려하고 존중하는 멋진 어린이가 되고 싶다면, 그리고 그럴 준비가 되었다면 망설이지 말고 이 책을 펼쳐 주세요. 책을 다 읽고 마지막 장을 덮을 즈음, 여러분들은 나와 다른 많은 사람들을 친구로 맞이할 준비가 되어 있을 거예요.

- 특수 교사 권용덕(≪장애인이랑 친구가 될 수 있을까?≫저자)

★ 등장인물 ★

은찬

호기심이 많다. 장애에 대해 들어 본 적은 있지만, 잘 알지는 못한다. 장애가 있는 친구와 어떻게 지내야 할지 몰라서 조금 걱정했지만, 점점 마음을 열고 진짜 친구가 되어 간다.

소율

소심하지만 마음이 따뜻한 친구다. 윤아가 당당하게 행동하는 모습이 멋져 보여서 속으로 부러워한다. 처음엔 멀리서 지켜보다가 용기를 내어 윤아에게 조금씩 다가간다.

태훈

자폐성 장애가 있다. 생각하거나 느끼는 방식이 여느 친구들과 조금 다르다. 자신만의 규칙이 있고, 낯선 상황을 불편해한다. 그림 그리는 것을 좋아하고, 자신만의 멋진 생각도 많이 가지고 있다.

윤아

휠체어를 탄다. 몸이 조금 불편하지만, 항상 밝고 자신감이 넘친다. 하고 싶은 말이 있으면 솔직하게 말하고, 새로운 친구들을 만나는 것도 좋아한다.

민재

장애가 있는 친구들이 자신과 다르다는 이유로 처음엔 거리감을 느낀다. 태훈이를 보고 '같이 놀기 힘들겠다.'라고 생각하기도 한다. 하지만 시간이 지나면서 조금씩 마음이 달라지고, 친구를 이해하려고 노력한다.

· 차례 ·

추천사 ★ 4
등장인물 ★ 6

1장 우리가 꼭 함께해야 하는 걸까요?

교실 속 이야기

① 왜 하필 우리 반에! ★ 14
② 휠체어를 타고 버스를 탄다고요? ★ 22

1 왜 함께 살아가야 할까요? ★ 31
2 어디서, 누구와 살고 싶나요? ★ 35
3 장애는 언제 생기나요? ★ 39

선생님, 질문 있어요! ★ 43

2장 어떻게 함께해야 할까요?

교실 속 이야기

③ 장애인은 무조건 도와줘야 할까요? ★ 48
④ 같은 조 되면 망하는 거 아니에요? ★ 55

1 항상 도움이 필요한 건 아니에요 ★ 64
2 저마다 잘하는 것이 있어요 ★ 67

선생님, 질문 있어요! ★ 70

3장 알면 이해할 수 있어요

교실 속 이야기

⑤ 수어로 이야기하는 사람들 ★ 74

⑥ 왜 자꾸 같은 말을 반복할까요? ★ 81

1 소통할 수 있는 다양한 방법 ★ 90
2 이유가 있는 행동 ★ 93

선생님, 질문 있어요! ★ 96

4장 장애인과 비장애인이 함께하려면?

교실 속 이야기

⑦ 장애인은 불쌍한 걸까요? ★ 100

⑧ 물어봐도 될까요? ★ 108

1 생각을 바꾸면 다르게 보여요 ★ 115
2 서로를 알아가는 방법 ★ 118
3 배려는 특별한 일이 아니에요 ★ 121

선생님, 질문 있어요! ★ 124

✦ 부록 ✦

우리가 서로를 이해하기 시작할 때

정상인이라는 말, 정말 괜찮을 걸까요? ★ 127

장애인의 날은 왜 생겼을까요? ★ 131

장애인은 어떤 직업을 가질 수 있을까요? ★ 134

작가의 말 ★ 138

간단한 활동 ★ 137

1장

우리가 꼭 함께해야 하는 걸까요?

새 학기가 시작된 4학년 1반 교실, 이곳저곳에서 들리는 웃음소리와 말소리로 교실이 북적북적했다.

"너 방학 동안 뭐 했어?"

"와! 머리 자른 거야?"

서로 반가워서 인사하는 아이들부터 처음 본 친구에게 쭈뼛쭈뼛 다가가 인사를 건네는 아이들까지 모두가 새로운 시작에 설레어 있었다. 그때 교실 문이 열렸다.

문으로 휠체어를 탄 아이가 들어왔다. 그 순간, 교실이 조용해지며 아이들의 눈이 한꺼번에 그 아이에게 향했다. 휠체어를 탄 아이는 조금도 머뭇거리지 않고 활짝 웃으며 말했다.

"얘들아, 안녕! 난 윤아라고 해. 만나서 반가워."

"아, 안녕!"

몇몇 아이들이 어색하게 인사했지만, 윤아는 익숙한 듯 밝게 웃었다. 그리고 능숙하게 휠체어를 밀며 자신의 자리를

향해 움직였다. 그 모습을 보던 은찬이는 속으로 생각했다.

'어……. 도와줘야 하나? 괜히 도와준다고 했다가 실수하면 어떡하지? 아, 모르겠다. 그냥 모른 척하자.'

어쩔 줄 몰라 모른 척하긴 했지만, 장애인 친구를 보고도 가만있자니 은찬이는 괜히 마음이 불편했다. 은찬이의 생각이 채 끝나기도 전에 또다시 교실 문이 열렸다.

"얘들아, 안녕? 난 4학년 1반 담임을 맡게 된 김지영 선생님이야. 그리고 오늘 전학 온 친구가 있어. 다 같이 환영해 줄까? 태훈아, 친구들에게 인사할래?"

담임 선생님 옆에 선 아이는 고개를 푹 숙이고 있었다.

아이들의 시선이 전학 온 친구에게 쏠렸다. 태훈이는 움찔하더니, 조용한 목소리로 더듬더듬 말했다.

"아, 안녕……. 나는 이태훈이야."

은찬이는 태훈이의 말투가 조금 이상하다고 느꼈다. 그때 선생님이 다정한 목소리로 덧붙였다.

"태훈이는 자폐성 장애를 가지고 있어. 말이 조금 느릴 수도 있고 같은 말을 반복할 수도 있어. 함께 지내다 보면 자연스럽게 익숙해질 거야. 수업은 대부분 우리 반에서 같이 듣고, 필요한 시간에는 특수 학급에 가서 따로 수업을 듣기도 한단다."

'왜 하필 우리 반에 장애인이 두 명이나 있는 걸까? 장애가 있는 애들이 다니는 학교에 안 가고 왜 우리 학교에 온 거지? 특수 학급은 또 뭐고…….'

입 밖으론 아무 말도 하지 않았지만, 은찬이의 머릿속에는 물음표가 가득했다.

쉬는 시간이 되자, 윤아가 먼저 친구들에게 다가갔다.

"너희는 어떤 걸 좋아해? 난 요즘 고무찰흙으로 동물 만드는 놀이에 푹 빠졌어."

윤아는 가방에서 작고 귀여운 파우치를 꺼냈다. 지퍼를 열자 알록달록한 찰흙 조각들이 주르륵 쏟아졌다. 귀여운 강아지, 꼬불꼬불한 용, 동글동글한 토끼까지! 그 모습을 본 소을이는 눈이 동그래졌다. 사실 소을이도 만들기를 좋아하기 때문이다.

'와, 고무찰흙 만들기 좋아하는구나. 나도 진짜 좋아하는

데. 윤아랑 얘기해 보고 싶다.'

하지만 소을이는 입술만 달싹일 뿐, 쉽게 말을 꺼낼 수 없었다. 윤아가 다른 아이들과 웃고 있는 모습을 멀리서 조용히 바라볼 뿐이었다. 당당하고 밝은 윤아의 모습이 소을이에겐 너무 멋져 보였다.

한편, 교실 한쪽에선 태훈이가 조용히 앉아 있었다. 태훈이는 공책에 무언가를 집중해서 그리며 입으론 조그맣게 말을 반복하고 있었다.

"기차, 기차, 기차……."

그 모습이 교실의 다른 풍경과는 왠지 동떨어진 것처럼 느껴졌다. 은찬이는 태훈이를 힐끗 바라보다가 고개를 돌렸다. 그러다 다시 슬쩍 태훈이를 보았다. 아무도 태훈이에게 말을 걸지 않았고, 태훈이는 혼자였다.

'계속 혼자서 저러고 있네. 아무도 안 놀아 주니까 좀 외롭지 않을까? 아니야, 혼자 있는 게 좋을 수도 있어.'

그때, 태훈이의 공책에 그려진 그림이 은찬이의 눈에 들어왔다. 눈이 휘둥그레진 은찬이가 자신도 모르게 태훈이에게 다가가 말했다.

"우아, 너 그림 되게 잘 그린다. 진짜 기차랑 똑같아!"

태훈이가 고개를 들었다. 표정은 변함없었지만, 눈빛이 어딘가 따뜻해 보였다. 태훈이는 은찬이에게 공책을 살짝 내밀며 말했다.

"기차."

한마디였지만, 태훈이의 목소리에는 뭔가 뿌듯한 감정이 묻어 있는 듯했다.

"너 기차 좋아해? 나도 기차 진짜 좋아해! 예전에 가족들이랑 KTX 타고 부산 갔었거든. 그때 무척 신났어!"

은찬이는 기차를 좋아하는 친구가 있다는 사실에 반가웠다. 태훈이는 은찬이의 신난 목소리에도 아무런 대답을 하지 않았지만, 기차를 그리면서도 왠지 은찬이를 신경 쓰는 듯 보였다.

'조금 낯설긴 하지만 생각보다 괜찮은데! 나랑 좋아하는 게 같으니 친구가 될 수도 있지 않을까?'

은찬이는 처음보다 한결 편해진 얼굴로 태훈이 옆에 앉았다. 그런데 그때, 누군가 다가와 은찬이의 어깨를 툭 쳤다. 민재였다.

"야, 너 뭐 해? 왜 저런 애랑 얘기하고 있어?"

은찬이는 순간 당황했다. 민재랑은 3학년 때 같은 반이었고 친한 편이었지만, 민재는 가끔 말이 거칠었다. 은찬이는 어떻게 대답해야 할지 망설이다 겨우 입을 뗐다.

"그냥…… 태훈이가 기차 그림 잘 그려서 보고 있었어."

"쟤 좀 이상하지 않아? 말도 제대로 못하잖아."

태훈이는 말없이 기차 그림을 계속 그렸지만, 은찬이는 태훈이도 민재의 말을 들었을 거

라는 생각에 마음이 불편해졌다.

'태훈이가 듣고 속상하진 않았을까? 뭐라도 말해 줘야 하는데……. 아, 어떻게 해야 하지?'

하지만 은찬이는 끝내 아무 말도 하지 못했다. 쉬는 시간이 끝나고 종이 울리자, 아이들은 하나둘씩 자기 자리로 돌아갔다. 은찬이도 조용히 자리로 향했다. 가던 길에 한 번 더 뒤를 돌아보았다. 태훈이는 여전히 말없이 그림을 그리고 있었다.

교실 속 이야기 ②

휠체어를 타고 버스를 탄다고요?

    소을이는 아침 햇살을 받으며 학교로 향했다. 가방이 조금 무겁긴 했지만, 봄 냄새가 나는 등굣길이 이제는 제법 익숙해지고 있었다. 버스 정류장에 다다르자, 눈에 띄는 한 사람이 있었다. 휠체어를 타고 있는 아저씨였다. 소을이는 학교로 향하던 발걸음을 멈춰 섰다.

    '어? 저 아저씨…… 윤아처럼 휠체어를 타고 있네. 그런데 버스를 기다리는 건가? 휠체어 타고 버스를 어떻게 타지?'

    소을이는 고개를 갸웃하며 아저씨를 잠시 바라봤다. 그때 버스 한 대가 정류장에 도착했다. 버스 안은 이미 사람들로 가득 차 있었다. 문이 열리자 사람들이 우르르 몰려들어 버스에 탔다. 하지만 휠체어를 탄 아저씨는 움직이지 않았다. 그저 버스를 바라만 보고 있었다. 곧 문이 닫히고 버스가 출발했다. 괜히 마음이 쓰였던 소을이는 가만히 그 자리에 서 있었다.

'아저씨는 누군가를 기다리시는 걸까? 버스를 타고 싶었는데 휠체어로 밀치고 타기는 어려우니까 못 타신 걸까?'

조금 뒤, 또 다른 버스가 왔다. 휠체어를 탄 아저씨가 버스 기사님을 향해 손을 흔들었다. 이번에는 버스 앞문이 아니라 뒷문이 열렸다. 버스 아래쪽에서 위잉- 소리와 함께 바닥이 열리더니 금속으로 된 경사로가 바깥으로 천천히 펼쳐졌다. 경사로 끝은 보도블록과 딱 맞아떨어졌다. 아저씨는 익숙한 듯 손으로 휠체어를 굴렸다. 그리고 경사로를 지나 버스 안으로 올라탔다.

'우아, 신기하다. 휠체어를 타고도 버스에 탈 수 있구나.'

버스가 출발하고 난 뒤에도 소을이는 그 자리에 멈춰 서

있었다. 문득 마음속에 질문이 떠올랐다.

'근데 그냥 집에 있는 게 더 편하시지 않을까? 왜 힘들게 밖에 나와서 버스를 타실까?'

학교에 도착한 소을이는 휠체어를 탄 아저씨가 계속 생각났다. 그리고 자연스럽게 윤아가 떠올랐다. 밝고 씩씩하게 휠체어를 굴리며 교실을 돌아다니던 윤아의 모습, 쉬는 시간에 다른 친구들과 웃으며 이야기하던 윤아의 모습이 말이다.

'윤아에게 물어볼까? 그랬다가 괜히 이상하게 생각하면 어떡하지? 기분 나빠할 수도 있고.'

마침 쉬는 시간이 되었다. 윤아는 창가에서 고무찰흙으로 동물을 만들고 있었다. 윤아의 옆에는 아이들 두세 명이 앉아 수다를 떨며 웃고 있었다. 소을이는 책상 끝에 걸터앉아 연필을 만지작거리며 고민했다. 윤아에게 다가가고 싶었지만 쉽사리 몸이 움직이지 않았다. 그때, 윤아가 고개를 들어 소을이를 보며 미소 지었다.

"소을아, 이 토끼 어때? 귀가 좀 긴가?"

소을이는 깜짝 놀라 몸을 움찔했지만, 윤아와 친해지고 싶은 마음에 빠르게 대답했다.

"어? 아…… 예쁜데? 진짜 잘 만들었다!"

윤아가 활짝 웃으며 소을이에게 말했다.

"히히, 고마워. 고무찰흙 진짜 재밌는데, 나중에 같이 만들어 볼래?"

소을이는 작게 고개를 끄덕이며 대답했다.

"응."

잠시 침묵이 흐른 뒤, 소을이는 용기를 내어 조심스레 말했다.

"윤아야, 나 오늘 아침에 휠체어 탄 아저씨가 버스를 타는 걸 봤어."

윤아는 소을이가 무슨 이야기를 할까 궁금해하며 소을이의 이야기에 계속 귀를 기울였다.

"버스 뒷문에서 철판 같은 게 나왔는데, 진짜 신기했어."

윤아는 미소를 지으며 말했다.

"응. 나도 그런 버스 탄 적 있어. 요즘은 경사로가 있는 저상 버스가 많아서 웬만하면 탈 수 있어."

"아, 그걸 경사로라고 하는구나!"

소을이는 조금 망설이다가 질문을 덧붙였다.

"근데 궁금한 거 하나만 물어봐도 돼?"

"물론이지."

"그게…… 버스 타는 거 불편하지 않아? 그냥 집에 있는 게 더 편하지 않아?"

윤아는 잠깐 생각하는 듯하다 씩 웃으며 대답했다.

"그렇게 생각할 수도 있는데 나는 집에 있는 것보다 학교 가는 게 더 좋아. 친구들이랑 같이 있을 수 있잖아. 너도 학교 오는 게 좋지?"

소을이는 윤아의 대답에 얼굴이 빨개지는 것 같았다. 윤아는 이어서 말했다.

"휠체어 타는 것만 보고 불편할 것 같다고 하는 사람들도 있는데, 나는 이게 내 다리야. 난 나대로 움직이며 살고 있어."

소을이는 윤아의 말에 천천히 고개를 끄덕였다. 조금 전보다 윤아가 더 가까워진 느낌이었다. 마음속에 있던 궁금증도 풀린 기분이었다. 조용히 있던 소을이가 용기를 내어 다시 입을 열었다.

"저기, 나중에 나도 너랑 같이 버스 타 볼 수 있을까?"

윤아는 눈을 반짝이며 대답했다.

"당연하지. 그리고 그때는 내가 너한테 휠체어 타고 버스 타는 꿀팁 알려 줄게!"

둘은 서로 눈을 마주치며 함께 웃었다.

윤아가 손에 들고 있던 고무찰흙을 쓱 내밀며 말했다.

"소을아, 이거 너 줄게. 내가 만든 고양이야. 네가 좋아할 것 같아서."

소을이는 조그마한 귀와 동그란 꼬리가 달린 고양이를 조심스럽게 받아서 손바닥 위에 올려놓았다. 파란색과 하얀

색이 섞인 고양이는 세상에서 제일 귀엽고 특별해 보였다.

"윤아야, 고마워. 진짜 귀엽다! 다음엔 같이 만들자. 내가 만들어 줄게."

수업 시간 종이 울리자, 아이들이 다시 자리에 앉기 시작했다. 소을이는 자리로 돌아가면서 윤아에게 손을 흔들었다. 윤아도 힘차게 손을 흔들며 말했다.

"나중에 또 이야기하자, 소을아!"

소을이는 환하게 웃었다. 신기하게도, 학교에 오면서 궁금했던 것들이 다시 떠오르지 않았다. 버스를 기다리던 휠체어 탄 아저씨도, 처음 봤던 버스 경사로도. 소을이는 조금 전보다 훨씬 가벼워진 마음으로 자리에 앉았다.

01
왜 **함께** 살아가야 할까요?

우리는 모두 다릅니다. 키도 다르고 좋아하는 것도 다르지요. 어떤 사람은 걷는 게 어려울 수도 있고, 어떤 사람은 눈으로 무언가를 보는 것이 어려울 수도 있어요. 이런 차이는 '장애'라고 불리기도 해요. 하지만 다르다고 해서 따로 살아야 할까요?

어떤 친구들은 '장애가 있으면 특수 학교·에 다니는 게 더 낫지 않을까?'라고 생각할 수도 있어요. 물론 특수 학교는

· 특수 학교: 장애 학생이 자신에게 맞는 방법으로 배우고, 필요한 도움을 받을 수 있는 학교. 장애의 종류와 정도에 따라 조금 더 집중적인 지원을 받을 수 있다.

장애 학생을 위한 학습 환경이 마련되어 있어서 많은 도움을 받을 수 있죠. 하지만 장애가 있다고 해서 모두가 꼭 특수 학교에 가야 하는 것은 아니에요.

  학교에서는 '통합 교육'을 중요하게 여기고 있어요. 통합 교육이란, 장애가 있는 친구와 없는 친구가 같은 반에서 함께 배우고 어울리는 교육을 말해요. 이런 교육이 왜 중요할

까요? 그 이유는 서로의 다름을 이해하고, 함께 살아가는 방법을 배워야 하기 때문이에요.

 같은 교실에서 함께 지내면 처음엔 조금 어색하고 어렵게 느껴질 수도 있어요. 하지만 시간을 보내다 보면 점점 더 친해지고 서로를 이해하게 되죠. 예를 들어, 윤아는 휠체어를 타지만 고무찰흙으로 동물을 만드는 걸 정말 좋아해요. 소을이도 만들기를 좋아하기 때문에 윤아와 친구가 될 수 있었죠. 태훈이는 자폐성 장애가 있어 소통에 어려움이 있지만, 기차를 좋아하고 그림을 아주 잘 그려요. 은찬이는 태훈이의 그림을 보며 감탄했고, 그렇게 두 사람은 공통점을 찾게 되었어요.

 장애의 정도에 따라 도움이 더 필요한 친구들도 있어요. 그래서 일반 학교 안에는 '특수 학급'이라는 교실이 따로 마련되어 있어요. 특수 학급에서는 장애가 있는 친구에게 맞는 방법과 내용으로 공부를 하고, 나머지 시간에는 반에서 친구들과 함께 지내죠.

 중요한 건 '장애가 있다'는 이유로 누군가를 따로 떼어 놓지 않는 거예요. 같이 지내며 서로의 차이를 배우고, 어떻게 함께 잘 지낼 수 있는지 알아가야 해요. 어른이 되면, 학교뿐 아니라 사회에서도 장애인과 비장애인이 함께 살아가게 되니까요. 통합 교육은 단지 함께 공부하는 것만이 아니라, 함께 살아가는 연습이기도 해요.

02
어디서, 누구와 살고 싶나요?

우리는 보통 어릴 때 가족과 함께 살아요. 그러다가 학교에 다니고, 친구와 놀고, 여행도 가죠. 이런 일상은 아주 자연스럽고 평범해 보이지만, 내가 어디를 가고 누구와 지내며, 어떻게 하루를 보낼지를 스스로 선택하고 있다는 점에서 매우 중요해요. 그런데 만약 가족이 아닌 낯선 사람들과 함께 살아야 한다면 어떨까요?

잘 모르는 친구와 같은 방을 쓰고, 매일 정해진 시간에 밥을 먹고, 어디를 가려면 꼭 허락을 받아야 한다면요? 내가 하고 싶은 일이나 가고 싶은 곳이 있어도 혼자 결정할 수 없는 생활을 한다면요? 이처럼 개인의 자유가 제한되는 생활은 실제로 '시설'이라는 공간에서 이루어지는 경우가 많아요.

시설에서는 규칙이 정해져 있고, 일상의 많은 부분을 스스로 결정하기가 어려워요. 어떤 시간에 밥을 먹고, 언제 어디에 가는지까지 정해진 일정대로 움직여야 하는 경우가 많아요. 마치 내 하루를 누군가가 대신 정해 주는 것과 비슷하죠. 그렇다면 장애가 있는 사람은 반드시 시설에서 살아야 할까요?

당연히 그런 건 아니에요. 어떤 사람은 스스로 선택해서 시설에서 지내기도 하지만, 원하지 않는데도 시설에 들어가게 되는 경우도 있어요. 장애가 있어도 자신이 원하는 곳에서, 스스로 선택한 방식으로 살아가는 사람들도 많고요.

소을이는 아침에 휠체어를 탄 아저씨가 버스를 타는 모습을 보고 깜짝 놀랐어요. '그냥 집에 있는 게 더 편하지 않을까?' 하고 생각했지만, 아저씨가 저상 버스를 타는 모습을 보고, 윤아의 이야기까지 들으니 생각이 달라졌어요.

'저상 버스'는 바닥이 낮고, 휠체어 사용자가 쉽게 탈 수

있도록 버스 바닥에서 경사로가 나오는 버스예요. 전화나 애플리케이션으로 불러서 휠체어를 탄 채로 탈 수 있는 '장애인 콜택시'도 있죠. 지하철역에는 엘리베이터가 있고, 길거리에는 점자 블록이나 경사로처럼 휠체어의 이동을 돕는 다양한 편의 시설도 점점 늘어나고 있어요. 장애가 있는 사람을 단순히 '보호받아야 할 존재'로만 보는 시선은 이제 바뀌어야 해요. 누구나 자유롭게 움직이고 원하는 곳에서 살 수 있는 환경이 만들어지면, 장애가 있어도 스스로 원하는 방식으로 일상을 살아갈 수 있어요.

  내가 좋아하는 곳에 가고 싶은 마음, 친구들과 어울리고 싶은 마음은 모두에게 똑같이 있는 자연스러운 감정이에요. 윤아는 "이게 내 다리야. 난 나대로 움직이며 살고 있어."라고 말했어요. 자신의 방식으로 살아가는 사람, 스스로 결정하고 선택할 수 있는 사람, 이건 장애가 있든 없든 우리 모두가 삶을 살아가는 방식이랍니다.

03
장애는 **언제** 생기나요?

많은 사람들이 장애는 태어날 때부터 생긴다고 생각해요. 하지만 꼭 그렇지만은 않아요. 보건 복지부의 조사에 따르면, 전체 장애인의 약 88퍼센트는 살면서 장애를 갖게 된 경우라고 해요. 그중에서도 질병이 원인인 경우가 58.1퍼센트, 사고로 생긴 경우가 29.9퍼센트나 돼요. 반대로, 태어날 때부터 장애가 있었던 경우는 약 11.9퍼센트밖에 되지 않아요.

이처럼 장애는 아주 특별하거나 멀리 있는 일이 아니라, 누구에게나 생길 수 있는 일이에요. 어린아이가 병을 앓은

뒤에 걷기 어려워질 수도 있고, 어른이 일하다가 사고로 다칠 수도 있어요. 또, 나이가 들면 눈이 잘 안 보이거나 귀가 잘 들리지 않는 것도 장애에 포함될 수 있어요.

장애는 크게 '신체적 장애'와 '정신적 장애'로 나눌 수 있어요. 신체적 장애는 몸의 일부가 다치거나 불편해서 생기는 장애예요. 예를 들어, 다리를 다쳐 휠체어를 타야 하거나, 시력이나 청력이 약해지는 경우가 있어요. 눈이나 팔다리처럼 신체에 생긴 불편함은 눈에 보이는 경우가 많아요. 그렇다고 모든 신체 장애가 겉으로 다 보이는 것은 아니에요. 장애가 있지만 겉으로 보기에는 장애가 있는지, 어떤 장애를 가졌는지 알 수 없는 사람도 많아요.

정신적 장애는 사고하는 방식, 말하는 속도, 감정 조절 등에서 어려움을 겪는 장애예요. 발달 장애도 정신적 장애에 포함돼요. 발달 장애는 말이 느리거나, 같은 행동을 반복하거나, 다른 사람과 어울리는 데 어려움을 느끼기도 해요.

이처럼 장애는 다양한 모습으로 나타나고, 누구든 겪을 수 있는 일이에요. 그래서 장애에 대해 정확히 알고 이해하는 것이 중요해요. 장애가 있는 친구들을 만나게 되었을 때, 괜히 놀라거나 안타깝게 여기기보다는 어떤 점이 불편한지, 어떤 도움이 필요한지 알아보려는 태도가 필요해요.

다음 장에서 장애인 복지법에 따른 장애 유형을 함께 살펴보아요.

장애인 복지법에 따른 장애 유형 구분

신체적 장애(외부)

지체 장애	뇌 병변 장애	시각 장애
청각 장애	언어 장애	안면 장애

신체적 장애(내부)

신장 장애	심장 장애	간 장애
호흡기 장애	장루·요루 장애	뇌전증 장애

정신적 장애

지적 장애	자폐성 장애	정신 장애

└─ (발달 장애)

선생님, 질문 있어요!

❶ 우리 반에 장애인 친구가 있는 게 너무 불편해요. 이런 마음이 드는 제가 나쁜 사람일까요?

낯설거나 잘 모르는 상황을 마주하면 누구든 처음엔 어색하고 불편하게 느낄 수 있어요. 특히 장애가 있는 친구를 처음 만나면 어떻게 대해야 할지 몰라서 불편하게 느끼는 경우가 많아요. 그건 나쁜 사람이어서가 아니라, 아직 익숙하지 않기 때문이에요. 중요한 건 그런 마음을 무시하거나 숨기지 말고, 왜 그런 감정이 드는지 스스로 생각해 보는 거예요. 그리고 아주 작은 것부터 시작해 볼 수 있어요.

예를 들어, 쉬는 시간에 "너는 어떤 걸 좋아해?"라고 가볍게 질문해 볼 수도 있고, 그 친구가 좋아하는 활동에 관심을 가져 보는 것도 좋은 방법이에요. 말을 많이 하지 않아도 괜찮고, 그냥 옆에 앉아 있기만 해도 괜찮아요.

그렇게 조금씩 다가가다 보면 처음의 불편함은 자연스럽게 사라지고, 그 친구와 나 사이의 '다른 점'보다는 '같은 점'이 보이기 시작할 거예요. 모든 친구 관계가 그렇듯, 천천히 친해지는 과정이 필요한 거랍니다.

❷ **윤아가 알려 주기로 한, 휠체어 사용자가 버스 타는 꿀팁은 무엇일까요?**

윤아가 말한 버스는 '저상 버스'예요. 저상 버스는 바닥이 낮아서 계단이 없고, 휠체어를 타는 사람을 위한 경사로(리프트)도 따로 있어요.
정류장에서 버스를 기다릴 때는 버스 기사님께 손을 흔들며 '타

44

겠습니다.'라는 신호를 보내는 것이 첫 번째 팁이에요. 그러면 기사님이 뒷문을 열고, 보도블록과 연결되는 경사로를 내려 주어요. 버스에 오르면 휠체어 전용 자리로 이동해서 앉고, 안전벨트를 고정하면 끝! 참, 안전벨트는 버스 기사님이 직접 도와준답니다.

내릴 때는 미리 하차 벨을 누르거나, 자신이 내릴 정류장을 버스 기사님에게 말씀드리면 돼요. 휠체어 좌석 옆에는 휠체어 사용자 전용 벨이 있어요. 이 벨은 일반 벨과 소리가 달라 기사님이 쉽게 알아차릴 수 있어요. 그러면 기사님은 정류장에서 다시 경사로를 내려 주고, 안전하게 하차할 수 있도록 도와주어요.

윤아도 처음엔 조금 긴장했지만, 몇 번 타 보니 이제는 충분히 잘할 수 있게 되었다고 해요.

교실 속 이야기 ③

장애인은 무조건 도와줘야 할까요?

은찬이는 평소보다 일찍 교실에 도착했다. 은찬이는 가방을 책상 위에 툭 내려놓고 의자에 앉으려다, 문득 복도 쪽에서 이상한 기척을 느꼈다.

복도를 내다보니 흰 지팡이를 든 한 사람이 천천히 걸어오고 있었다. 지팡이 끝으로는 바닥의 왼쪽, 오른쪽을 왔다 갔다 하며 조심스럽게 더듬고 있었다.

'흰 지팡이는 시각 장애인이 쓰는 거였지? 수업 시간에 배웠는데 실제로 보는 건 처음이네.'

은찬이는 눈을 떼지 못한 채 그 모습을 조용히 지켜봤다. 곧 종이 울리자 아이들이 하나둘 자리에 앉았고, 교장 선생님이 교실로 들어와 누군가를 소개했다.

"애들아, 오늘 새로 온 영어 담당 김훈 선생님이야. 선생님은 시각 장애가 있으셔. 다 같이 반갑게 인사해 볼까?"

아이들은 약속이나 한 듯 동시에 외쳤다.

"안녕하세요!"

아이들이 인사하자, 김훈 선생님은 아이들 쪽을 향해 고개를 숙이며 인사했다.

"안녕하세요. 여러분, 반가워요."

그 모습이 어쩐지 조금은 낯설게 느껴졌다. 은찬이는 조용히 생각에 잠겼다.

'선생님은 칠판이나 교과서를 못 보실 텐데 수업은 어떻게 하지? 아이들은 어떻게 기억하실까? 혹시 누가 옆에서 계속 도와주나?'

점심시간이 지나고 복도를 지나가던 은찬이는 우연히 김훈 선생님을 보게 되었다. 혼자서 조심조심 걸어가던 선생님은 복도 모서리 앞에서 잠깐 멈춰 섰다.

　'도와드려야 하나, 지금? 근데 어떻게 도와드리지? 뭐라고 말해야 하지? 조심하시라고 하면 실례일까? 아니면 그냥 말없이 손을 잡아 드리면 될까?'

　은찬이는 한 발짝 다가가려다 멈췄고, 또다시 다가가다

멈췄다. 마음속에서 '도와주는 건 좋은 일'이라는 생각과 '괜히 방해가 될지도 모른다'는 생각이 서로 엉켰다. 결국 용기를 낸 은찬이가 말했다.

"선생님, 제가 도와드릴까요?"

선생님은 은찬이 쪽으로 고개를 돌리며 살짝 웃었다.

"고마워. 하지만 괜찮아. 혼자서도 잘 갈 수 있단다."

"아…… 네."

은찬이는 괜히 얼굴이 뜨거워졌다. 자신이 뭔가 잘못한 건 아닐까 걱정이 되었다.

'나는 도와주려고 한 건데, 괜히 물어봤나?'

"그런데 이름이 뭐니?"

"아, 저는 김은찬이에요."

"그래. 반가웠다, 은찬아."

선생님은 그렇게 혼자 복도를 따라 교무실로 갔다.

쉬는 시간, 은찬이는 고무찰흙으로 강아지를 만들고 있는 윤아의 옆자리에 조용히 앉았다. 말을 꺼낼까 말까 망설이다 결국 물었다.

"윤아야, 혹시 누가 너 도와주겠다고 하면 어때? 기분 나빠?"

윤아는 손을 멈추고 고개를 살짝 기울였다.

"글쎄, 상황마다 다른 것 같아. 고마울 때도 있고, 그냥 혼자 하고 싶을 때도 있고."

'응? 상황마다 다른 마음이면 그걸 다른 사람이 어떻게 알지? 나도 그냥 지나쳤어야 하는 건가? 그럼 무관심한 거 아니야?'

윤아의 말에 고민하다 보니 어느덧 영어 시간이 되었다. 김훈 선생님 수업 시간이라 은찬이는 조금 긴장이 되었다.

'내가 도와준다고 했던 거, 선생님이 기억하실까? 혹시 이상하게 생각하진 않으셨을까?'

선생님이 들어오자 교실 안이 조용해졌.

김훈 선생님은 손끝으로 교탁 위의 점자책을 조심스럽게 펼쳤다. 그리고 또박또박한 목소리로 말했다.

"자, 오늘은 교과서 32쪽. 문장을 듣고 따라 읽는 연습을 해 볼 거예요."

선생님이 녹음된 음성을 틀자 교실에는 짧은 영어 문장이 흘러나왔다. 앞자리부터 순서대로 영어 문장을 따라 했고, 선생님은 아이들의 목소리를 귀 기울여 듣고 있었다.

"좋아요! 윤아 발음, 아주 정확했어요."

은찬이는 살짝 놀랐다.

'선생님이 윤아 목소리를 기억하시는구나.'

곧 은찬이 차례가 되었다. 은찬이는 숨을 한번 고르고 문장을 또박또박 따라 말했다. 그러자 선생님이 고개를 돌려 말했다.

"은찬이 목소리도 힘이 있네요. 아주 좋아요."

은찬이는 깜짝 놀랐다.

'내 목소리도 기억하시는 거야?'

수업이 끝나고 김훈 선생님이 교실을 나서려다 문 쪽에서 잠깐 멈췄다. 그리고 아이들을 향해 말했다.

"여러분, 오늘 수업 열심히 참여해 줘서 고마워요. 그리고 아까 아침에 복도에서 저한테 인사해 준 은찬이, 고마웠어요."

아이들 몇몇이 고개를 돌려 은찬이를 바라봤고, 은찬이는 얼떨결에 작게 고개를 숙였다. 심장이 두근거렸다.

'선생님은 얼굴을 보지 못하시지만, 목소리로 기억하시는구나. 나는 눈으로 보고 기억하지만, 선생님은 귀로 듣고 기억하는 거야.'

그 순간, 은찬이는 무언가를 처음으로 제대로 이해한 것 같은 기분이 들었다.

같은 조 되면 망하는 거 아니에요?

　미술 수업 시작종이 울리자, 교실이 순식간에 웅성웅성 소란스러워졌다. 오늘은 기다리고 기다리던 조별 활동 날이었다. 선생님이 조 편성을 시작하자 아이들 사이에 묘한 긴장감이 흘렀다. 서로 눈빛을 교환하며 속으로는 누구랑 조가 되면 좋을지 계산하느라 바빴다.

　민재는 두 손을 꼭 모으며 간절히 바랐다.

　'제발 은찬이랑 같은 조 되게 해 주세요. 제발요.'

　민재는 문득 태훈이랑 같은 조였던 과학 시간이 떠올랐

다. 강낭콩을 심고 싹이 자라는 걸 관찰하는 조별 활동이었는데…….

"태훈아, 물 많이 주면 안 된다고 했잖아!"

"응……. 근데 강낭콩 목마를까 봐……."

태훈이는 흙을 자꾸 쏟고, 물을 너무 많이 주었다. 그 탓

에 창가에 줄지어 있는 다른 조들의 강낭콩은 싹이 나고 쑥쑥 자랐지만, 민재네 조 화분은 깜깜무소식이었다.

민재는 속으로 다시 빌었다.

'제발 은찬이랑 같은 조 되게 해 주시고, 태훈이하고는 같은 조 안 되게 해 주세요.'

그런데 선생님의 입에서 들려온 이름은 민재를 절망하게 했다.

"다음 조는 민재, 태훈, 은찬이 세 명이서 한 조예요. 같이 자리에 앉으세요."

'뭐? 태훈이랑?'

민재의 얼굴이 확 굳었다. 자리로 가는 발걸음은 무겁고, 표정은 절로 찌푸려졌다. 자리에 앉은 민재가 은찬이에게 속삭였다.

"야, 우리 진짜 망한 거 아니야? 뭘 제대로 못하는 애잖아."

은찬이는 대꾸하지 않았다. 민재는 책상에 턱을 괴며 태훈이를 흘깃 바라봤다. 태훈이는 말없이 자기 자리에 앉아 있었고, 손에는 이미 연필을 들고 있었다. 조 편성이 끝나자 선생님은 이어서 주제를 알려 주었다.

"봄을 주제로, 한 장의 그림을 완성해 보세요. 배경과 인물, 이야기가 담기면 더 좋겠어요. 한 사람이 그리는 게 아니라 조원 모두가 골고루 참여해야 합니다."

민재는 한숨을 내쉬며 말했다.

"하아, 그림 실력도 다 다른데…… 우리 조는 좀 불리한 거 아니냐고."

그 말에 은찬이가 조용히 말했다.

"일단 해 보자. 태훈이 그림 잘 그리는 거, 너 모르지?"

"에이, 잘 그리긴 뭘 잘 그려. 쟤는 맨날 기차만 그리잖아."

활동이 시작됐다. 민재는 어떻게 그릴지 먼저 이야기하고 싶었지만, 태훈이는 벌써 연필을 들고 그림을 그리고 있었다. 혼잣말로 같은 말을 중얼중얼 반복하면서 말이다.

"기차역, 봄, 사람, 기다려. 기차역, 봄, 사람, 기다려……."

"이태훈! 그만 좀 중얼거려. 너 때문에 집중이 안 되잖아."

결국 민재의 짜증이 폭발했다.

"그림은 혼자 막 그리고, 똑같은 말만 계속하고, 이걸 어떻게 같이 하라는 거야!"

교실 분위기가 싸늘해졌다. 아이들의 시선이 태훈이와 민재에게 쏠렸다. 은찬이가 민재에게 작게 말했다.

"민재야, 태훈이는 지금 우리 그림에 대해 얘기하고 있는 거야. 나도 처음엔 몰랐는데, 그게 태훈이가 생각하는 방식이야."

민재는 순간 말문이 막혔다. 민재는 머쓱한 표정으로 태훈이가 그린 그림을 바라보았다. 종이에는 연둣빛 나무가 드문드문 피어난 봄날의 기차역이 그려져 있었다. 하얀 기차역, 그 옆에 서 있는 사람들, 멀리서 다가오는 기차 한 칸.

"이태훈, 너 이거 뭘 그린 거야?"

"기차역, 봄, 사람, 기다려."

"오! 기차역에서 누군가 기다리는 거네? 선생님이 말씀하신 이야기까지 들어갔잖아. 배경이랑 사람만 더 그리면 되겠다."

말을 마친 민재는 슬쩍 자세를 고쳐 앉았다. 자세히 보니 그림이 멋있는 것 같기도 했다. 매일 혼자 중얼거리는 애인 줄만 알았는데, 태훈이가 조별 활동의 첫 시작을 빠르게 해 주었다. 셋은 역할을 나눠 그림을 그려 나갔다. 태훈이는 배경을, 은찬이는 인물 스케치를, 민재는 색칠과 꾸미기를 맡았다. 민재는 다 같이 그림을 알록달록 채워 가는 게 신기했다.

'뭐야, 은근히 재미있잖아.'

태훈이는 여전히 중얼중얼 같은 말을 반복했지만, 그때마다 은찬이가 차분하게 말했다.

"괜찮아, 태훈아. 우리 지금 이거 그리고 있어."

민재는 그 모습이 낯설면서도 아

까처럼 짜증이 나지는 않았다. 그렇게 완성된 작품은 단연 눈에 띄었다. 봄을 배경으로 한 따뜻한 기차역 앞에서 손을 흔드는 아이들. 선생님은 그림을 한참 바라보다가 말했다.

"이 조의 그림이 정말 창의적이네요! 이야기까지 담겨 있고, 색감도 봄과 잘 어울려요."

다른 아이들도 "와, 멋있다!" 하고 감탄했다. 민재는 마음이 왠지 간질간질한 기분이 들었다. 태훈이를 쳐다보니, 태훈이는 고개를 좌우로 흔들며 혼잣말을 하고 있었다.

쉬는 시간이 되자, 민재는 태훈이에게 다가갔다.

"이태훈! 너 생각보다 그림 잘 그리더라? 뭐, 다음에 같은 조 또 해도 괜찮겠어."

민재는 자신만의 표현 방식으로 그렇게 태훈이에게 다가갔다. 태훈이가 자신의 이야기를 들었는지는 알 수 없었다. 그런데 그때 태훈이가 말했다.

"기차역, 봄, 사람, 기다려."

민재는 피식 웃었다.

"그래! 네가 그린 봄 기차역 멋있었다고!"

그때 윤아가 다가와 말했다.

"야! 너희 조 그림 멋있더라. 진짜 봄이 오는 것 같았어!"

소을이도 고개를 끄덕이며 맞장구쳤다.

"맞아. 진짜 기차 소리까지 들리는 것 같던데!"

아이들은 자연스럽게 둘러앉아 이야기를 나누며 웃음을 터뜨렸다. 민재는 조용히 태훈이를 다시 바라봤다. 같이 지내기 힘들 거라고만 생각했는데, 자신의 생각이 조금 틀렸을 수도 있겠다는 생각이 들었다.

01
항상 **도움**이 **필요**한 건 아니에요

은찬이는 시각 장애가 있는 김훈 선생님을 보고 '도와드려야 하나?'라는 생각을 했어요. 그런데 막상 도움을 드리려고 하니 어떻게 해야 할지 몰라서 망설이게 되었죠. 사실 우리도 누군가 힘들어 보일 때 '도와줘야 할까?', 아니면 '도와주면 실례일까?' 하고 고민되거나 헷갈릴 때가 있잖아요. 그건 장애인에게도 마찬가지예요.

장애가 있다고 항상 도움이 필요한 건 아니에요. 사람마다, 그리고 상황마다 다르기 때문에 가장 좋은 방법은 먼저 물어보는 거예요.

"도와드릴까요?"라고 물으면, 상대가 도움이 필요한 경우에는 "고마워요."라고 대답할 것이고, 도움이 필요하지 않을 때는 "괜찮아요."라고 말할 거예요. 무작정 도와주는 건 오히려 상대를 불편하거나 당황스럽게 만들 수 있어요.

특히 시각 장애의 경우, 우리가 생각하는 것처럼 '아무것도 보이지 않는 것'은 아니에요. 시각 장애인마다 다 달라요. 어떤 사람은 밝고 어두운 것만 구분할 수 있고, 어떤 사람은 흐릿하게나마 형태나 색깔 정도는 볼 수 있어요. 물론 전혀 보이지 않는 사람도 있고요. 이런 차이 때문에 모두가 같은 도움을 필요로 하지는 않아요.

김훈 선생님 같은 시각 장애인들은 눈 대신 귀나 손의 감각을 더 많이 사용해요. 시각 장애인이 만져서 사용하는 글자를 '점자'라고 하는데요, 점자는 여섯 개의 튀어나온 점으로 만들어진 글자예요. 튀어나온 점을 손끝으로 읽는 거죠. 점자는 프랑스의 루이 브라유라는 사람이 만들었고, 시각 장애인들이 책을 읽고 글을 쓰는 데 꼭 필요한 문자예요. 또, 시각 장애인들은 음성을 듣는 방식으로 정보를 확인해요. 얼굴은 보지 못해도 목소리나 말투, 냄새 같은 단서를 통해 사람을 기억하는 거예요. 그래서 시각 장애인에게 얘기할 땐 "여기요!"보다는 이름을 불러 주거나, 위치를 구체적으로 알려 주는 게 훨씬 도움이 돼요. 예를 들어, "김훈 선생님, 왼쪽에 문이 있어요." 이렇게요.

  장애가 있다고 해서 '도움이 필요한 사람'으로만 보는 건 편견이에요. 도움을 주는 것도 배려지만, 스스로 할 수 있도록 존중하는 것도 아주 중요한 배려예요. 진짜 친절은 무작정 도와주는 것이 아니라, 도움이 필요한지 물어보는 마음에서 시작돼요.

02
저마다
잘하는 것이 있어요

민재는 태훈이랑 같은 조가 되자 무척 걱정했어요. 이전에 같이 조별 활동을 할 때 태훈이가 실수를 많이 했던 기억이 떠올랐거든요. 같은 조가 되면 망하는 거 아닌가, 하고 속으로 생각하기도 했어요. 이런 생각은 '장애가 있는 친구는 뭘 잘 못할 거야.'라는 편견에서 나오는 경우가 많아요.

하지만 정말 그럴까요? 모든 사람은 잘하는 게 하나쯤 있어요. 태훈이도 마찬가지예요. 태훈이는 기차를 무척 좋아하고, 기차 그림을 정말 잘 그려요. 그리고 머릿속에 떠오르는 장면을 그림으로 표현하는 데 뛰어난 친구예요.

민재는 처음에 이런 태훈이의 모습을 몰랐어요. 태훈이가 중얼중얼 혼잣말을 하고, 다른 친구들보다 말을 느리게 할 때도 있었기 때문이에요.

그런데 이번 조별 활동에서 태훈이는 제일 먼저 그림을 그리기 시작했어요. 봄날의 기차역을 그리면서 그 속에 사람과 이야기를 담았어요. 덕분에 민재와 은찬이도 방향을 잡고 역할을 나누어 그림을 완성할 수 있었지요. 아이디어를 가장 먼저 낸 사람도, 이야기의 흐름을 이끈 사람도 태훈이었어요. 민재는 처음에 '같이하면 힘들기만 할 거야.'라고 생각했지만, 그런 태훈이의 모습을 보며 생각이 조금씩 바뀌었지요. 아마 함께해 보지 않았다면 민재는 태훈이의 강점을 몰랐을 거예요.

장애가 있다고 해서 항상 실수만 하거나 활동에 방해가 되는 건 아니에요. 어떤 친구는 말을 천천히 할 수도 있고, 어떤 친구는 반복해서 이야기할 수도 있어요. 그렇다고 해서 그 친구가 잘 못한다는 뜻은 아니에요. 오히려 자기만의 방식으로 역할을 잘 해내는 친구들도 많아요.

중요한 건, 모두가 참여할 수 있는 기회를 주는 거예요. 친구의 좋은 점을 먼저 보고, 있는 그대로 바라보는 마음도 필요해요. 그렇게 서로를 이해하고 존중하면 더 멋진 결과를 만들 수 있어요. 우리가 몰랐던 서로의 멋진 모습을 발견하게 될지도 모르고요.

선생님, 질문 있어요!

① 시각 장애인에게 길을 안내할 때는 어떻게 해야 해요?

시각 장애인에게 먼저 "도와드릴까요?"라고 물어보는 게 좋아요. 만약 도와 달라고 하면, 팔꿈치를 내밀어 잡을 수 있게 해 주세요. 시각 장애인이 여러분의 팔을 잡고 따라올 수 있도록 하는 거예요. 이렇게 안내하면 시각 장애인이 여러분보다 반걸

음 뒤에서 따라오게 되는데, 팔꿈치의 움직임에 따라 방향을 예상하며 걸을 수 있어요.
계단이나 턱이 있을 땐, "앞에 턱이 있어요.", "계단 올라갈게요." 하고 미리 말해 주면 더 안전해요. 만약 시각 장애인 어른과 키 차이가 많이 난다면, 팔꿈치 대신 어깨를 잡고 걸을 수 있도록 안내하면 좋아요.

❷ 장애를 가진 친구도 조별 활동에 포함시켜야 할까요?

물론이에요. 장애가 있다고 해서 조별 활동에서 빠져야 하는 건 아니에요. 누구나 잘하는 게 있고, 조별 활동은 서로 다른 장점을 모아 함께하는 거니까요. 어떤 친구는 아이디어를 잘 내고, 어떤 친구는 차분히 정리하는 걸 잘하죠.
예를 들어, 자폐성 장애가 있는 사람 중에는 아주 미세한 차이를 빠르게 알아채는 능력이 있어서 정밀한 작업을 잘하는 경우도 있어요. 모두가 참여할 수 있는 방식으로 역할을 나누면 더 멋진 결과를 만들 수 있을 거예요.

교실 속 이야기 ❺

수어로 이야기하는 사람들

"우리 오늘 저녁엔 외식할까?"

아빠의 말이 떨어지자마자 은찬이는 벌떡 일어나 짝짝짝 손뼉을 쳤다.

"진짜? 치킨, 아니면 피자?"

"오늘은 피자 어때? 은찬이가 좋아하는 치즈 잔뜩 들어간 걸로."

은찬이네 가족은 단골 피자집으로 향했다. 은찬이는 식당에 도착하자마자 쌩하고 자리로 달려갔다.

주문을 마치고 음식이 나온 그때, 은찬이는 옆 테이블을 슬쩍 쳐다봤다. 어른 두 명과 여자아이 한 명이 앉아 있었는데, 뭔가 이상했다. 말소리는 없는데 손이 바쁘게 움직이고 있었다. 마치 손으로 춤을 추는 것 같았다.

'어, 뭐지? 게임하는 건가? 춤추는 건가?'

은찬이는 그 모습이 신기해서 계속 바라보다가 엄마에게 물었다.

"엄마, 저분들 뭐 하는 거야? 손을 왜 계속 움직여?"

"저건 수어라는 거야. 청각 장애인들이 사용하는 언어지. 말 대신 손, 표정, 몸짓으로 이야기하는 거야."

"수어? 와! 진짜 신기하다. 저게 말이 되는 거야?"

"물론이지. 저분들은 손으로 말하고 눈으로 듣는 거야."

그때, 그 테이블에 앉아 있던 여자아이가 종업원을 부르더니 또렷하게 말했다.

"여기 물 좀 주세요."

은찬이는 깜짝 놀라 엄마를 쳐다봤다.

"엄마! 말했어! 청각 장애인인데 말도 해?"

"아, 아마 저 아이는 코다일 수도 있어. 부모님이 청각 장애인인 아이를 '코다'라고 하는데, 보통 어릴 때부터 수어를 자연스럽게 배우게 되어서 수어도 잘하고 말도 잘해. 가족과 대화하려면 두 가지 언어를 다 써야 하거든."

"코다? 부모님이 모두 청각 장애인일 수도 있구나."

그때 여자아이가 은찬이 쪽을 바라보더니 작게 웃었다. 은찬이는 순간 당황했다. 여자아이가 손짓으로 뭔가를 말하자 엄마가 조용히 속삭였다.

"방금 '안녕하세요'라고 수어로 인사한 거야."

은찬이는 조심스럽게 손을 들어 흔들었다. 그리고 살짝 웃으며 속으로 말했다.

'안녕하세요.'

은찬이는 피자를 손에 든 채 생각에 잠겼다.

'근데 우리 학교에 수어 쓰는 친구는 없었나? 혹시 있었는데 말을 못 해서 내가 그냥 모른 척했나?'

엄마는 은찬이를 지켜보다가 조용히 물었다.

"우리 은찬이, 밥 안 먹고 무슨 생각을 그렇게 해?"

"엄마, 나도 수어 배우면 좋을 것 같아. 수어 쓰는 친구 생기면 같이 이야기할 수 있잖아."

"은찬이 마음이 참 예쁘네. 하지만 말을 꼭 똑같이 하지 않아도 서로를 이해할 수 있어."

아빠가 장난스럽게 말했다.

"그럼 우리 집에서 가장 먼저 배울 수어는 뭐로 할까? 배고파요? 아니면 더 주세요?"

그러자 은찬이가 웃으며 말했다.

"아니, '친구 하자'가 제일 먼저지!"

옆에서 은찬이의 이야기를 듣던 여자아이가 조용히 웃으며 수어를 했다. 은찬이는 눈을 크게 떴다.

'어? 그거 방금 내가 말한 건가? 친구 하자인가?'

은찬이의 마음을 읽은 듯 여자아이가 고개를 끄덕였다. 은찬이는 괜히 가슴이 두근두근했다.

'진짜 통했다! 말 안 해도 서로 알 수 있네.'

그날 저녁, 은찬이는 집에 돌아오자마자 노트에 '친구 하자'라고 크게 써 두고, 여자아이가 가르쳐 준 손동작을 떠올리며 따라 해 봤다.

'손을 이렇게 하고, 이건 이렇게…… 음, 이게 맞나?'

그러다가 갑자기, 수어로 '치킨 먹고 싶어'는 어떻게 하는지 궁금해졌다. 은찬이는 유튜브를 켜고 '치킨 수어'라고 검색했다. 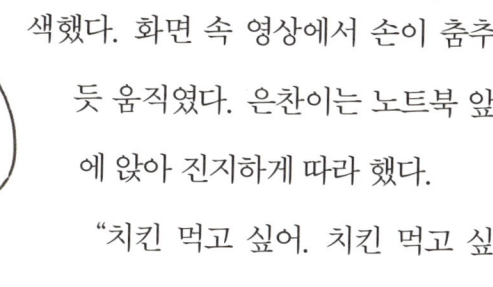화면 속 영상에서 손이 춤추듯 움직였다. 은찬이는 노트북 앞에 앉아 진지하게 따라 했다.

"치킨 먹고 싶어. 치킨 먹고 싶어."

그때 방문이 열리더니 엄마가 얼굴을 내밀었다.

"은찬아, 뭐 하니?"

"엄마 이것 보세요. 치킨 먹고 싶어."

은찬이는 유튜브에서 배운 수어를 하며 말했다.

"너 아까 피자 세 조각이나 먹었잖니."

엄마의 말에 방 안은 웃음으로 가득 찼다. 그날 밤, 은찬이는 이불 속에서 작게 중얼거리다 잠들었다.

'내일 친구들한테도 수어 알려 줘야지.'

교실 속 이야기 ❻

수업 시작종이 울렸지만 교실은 여전히 시끌시끌했다. 아이들은 옆자리 친구와 이야기하거나 노트를 펼쳐 숙제를 하느라 바빴다. 그런 소란 속에 유독 또렷하게 들리는 목소리가 있었다.

"지금 몇 시야? 선생님 언제 와? 지금 몇 시야? 선생님 언제 와?"

태훈이는 초조한 듯 고개를 좌우로 흔들며 같은 말을 반복하고 있었다. 목소리는 점점 커졌고, 몇몇 아이들이 고개를 돌려 태훈이를 쳐다보았다.

"지금 몇 시야? 선생님 언제 와? 지금 몇 시야? 지금 몇 시야?"

소을이도 고개를 돌려 태훈이를 바라봤다.

처음엔 그냥 물어보는 줄 알고 옆자리 친구가 "선생님 곧 오실 거야." 하고 대답했지만, 태훈이는 멈추지 않았다. 목소리는 점점 더 커졌고, 결국 민재가 귀를 막으며 찌푸린 얼굴로 일어섰다.

"아, 시끄러워! 한두 번이면 됐지, 왜 자꾸 똑같은 말을 해?"

주변 아이들 중 몇 명은 어깨를 으쓱이며 자리에서 몸을 틀었고, 어떤 아이는 책상에 엎드려 눈을 감았다. 마치 누가 수업 전에 괴상한 알람을 울리고 있는 것처럼 교실은 어느새 불편한 공기로 가득 찼다.

'왜 저렇게 큰 소리로 반복해서 말하지?'

소을이도 태훈이를 보며 불편하다는 생각을 했다.

그 순간, 문이 열리고 선생님이 교실로 들어왔다. 아이들

은 재빨리 제자리로 돌아갔고, 태훈이는 갑자기 소리를 멈췄다. 마치 누군가 스위치를 끈 것처럼 태훈이는 입을 다물었다.

그날 오후, 생활 수업 시간에 선생님은 태훈이가 특수 학급에 간 뒤 아이들과 조용히 이야기를 나눴다.

"얘들아, 오늘 아침에 태훈이가 계속 같은 말을 반복했을 때 어떤 기분이 들었니?"

아이들은 갑자기 분위기가 진지해지자 서로 눈치를 봤다.

"음…… 솔직히 말해도 돼요? 계속 '지금 몇 시야?'라고 하니까 조금 정신이 없었어요."

윤아의 말에 민재가 덧붙였다.

"짜증 났어요. 대답해 줘도 계속 똑같은 말만 하잖아요."

그때 소을이가 조심스럽게 손을 들었다.

"근데요, 선생님. 혹시 태훈이가 불안해서 그런 걸 수도 있나요?"

"왜 그렇게 생각했니, 소을아?"

"오늘 선생님이 평소보다 좀 늦게 오셨잖아요. 그래서 태훈이가 그런 행동을 한 건가 싶었어요."

"그랬구나. 태훈이는 자폐성 장애가 있는 거 모두 알지? 자폐성 장애가 있는 친구들은 불안하거나 긴장될 때 같은 말을 반복하거나 같은 행동을 계속하기도 해. 그걸 '상동 행동'이라고 한단다."

아이들은 처음 듣는 단어에 눈이 동그래졌다.

"사실 우리도 긴장되면 자기도 모르게 이상한 행동을 하잖니. 손톱을 물어뜯거나, 다리를 떨거나, 물을 마시거나, 화장실을 가거나."

아이들이 고개를 끄덕끄덕했다.

"태훈이에게 '지금 몇 시야?'는 마음을 가라앉히는 말이야. 떠오르는 말을 반복하면서 스스로 마음을 안정시키는 경우도 있거든."

교실 안에 조용한 공감의 바람이 불었다.

'나도 예전에 발표하기 직전에 너무 떨려서 괜히 물 마시고, 자리에서 일어났다 앉았다 반복했었는데······.'

소을이는 자신과 태훈이가 다를 게 없다고 생각했다.

"그럼 우리가 짜증 내면 태훈이는 더 불안해질 수도 있겠네요?"

소을이가 질문했다.

"맞아. 우리도 불안할 때 누가 뭐라고 하면 더 떨리잖니? 더 의식하게 되고. 태훈이도 똑같아. 단지 그 표현 방식이 우리랑 다를 뿐이야."

며칠 뒤, 미술 시간이었다. 선생님은 복사실에 다녀오겠다며 교실을 잠깐 비웠다. 문이 닫힌 지 1분도 안 되어 익숙한 소리가 다시 들려왔다.

"지금 몇 시야? 선생님 언제 와? 지금 몇 시야? 지금 몇 시야?"

이번에도 아이들 몇 명이 몸을 움찔하더니 눈살을 찌푸렸다. 민재가 작게 말했다.

"또 시작이네."

그 순간, 소을이가 자리에서 살짝 몸을 틀어 태훈이 쪽을 바라봤다.

"태훈아, 선생님 금방 오실 거야. 괜찮아. 우리 그동안 그림 그릴래?"

태훈이의 눈동자가 소을이를 향했다. 태훈이는 대답하지는 않았지만, 손에서 놓았던 색연필을 다시 들고 입을 다문 채 기차를 그리기 시작했다. 더는 "지금 몇 시야?"라는 말을 하지 않았다. 그 모습을 본 은찬이가 소을이에게 속삭였다.

"소을아, 너 진짜 멋지다."

소을이는 쑥스러운 듯한 표정을 지었다. 태훈이는 노트에 열심히 그림을 그리더니, 아무 말 없이 그림이 그려진 노트를 소을이 쪽으로 건넸다. 기차 옆에는 사람이 있었다.

"이 사람 누구야? 혹시 선생님이야? 아니면 친구?"

태훈이는 여전히 아무 말도 하지 않았다. 하지만 눈썹이 아주 조금 움직였다. 그 작은 움직임에 담긴 말이 소을이의 마음을 톡 건드렸다. 소을이는 그림 속 사람을 다시 바라보며 조심스럽게 물었다.

"혹시…… 나야?"

태훈이가 작게 고개를 끄덕였다. 소을이는 놀라서 태훈이를 바라보다가 이내 미소 지었다.

'아, 고맙다고 표현한 건가 보다.'

소을이는 그렇게 생각하고 속으로 태훈이를 응원했다.

'괜찮아. 자세히 말 안 해도 네가 무슨 이야기하려는지 알아. 나도 표현을 잘 못할 때가 있거든.'

그날 이후, 소을이는 태훈이가 또 같은 말을 반복해도 짜증 내지 않기로 마음먹었다. 오히려 그럴 땐 태훈이가 불안하다는 신호라는 걸 알게 되었기 때문이다.

'누구에게나 불안한 순간은 있어. 그리고 표현하는 방식은 모두 달라.'

01
소통할 수 있는
다양한 방법

은찬이는 식당에서 말없이 손으로 이야기하는 사람들을 보고 깜짝 놀랐어요. 알고 보니 청각 장애인이 사용하는 '수어'였죠. 수어는 '수화 언어'를 줄인 말로, 손으로 말하고 눈으로 듣는 언어예요. 신기하죠? 그런데 은찬이처럼 많은 친구가 이렇게 생각할 수 있어요.

'귀가 안 들리면 다 말을 못 하고 수어만 쓰는 거 아니야?'

하지만 꼭 그렇지는 않아요. 청각 장애인마다 다 달라요. 아예 소리를 듣지 못하는 사람도 있고, 조금은 들을 수 있는 사람도 있어요. 어떤 사람은 보청기나 인공 달팽이관*의 도움을 받아 소리를 조금 더 들을 수도 있지요. 또 수어 대신 입 모양을 읽는 '구화'나 글로 이야기하는 '필담'을 쓰는 사람도 있어요. 그러니까 청각 장애가 있다고 해서 모두 똑같은 방식으로 소통하는 건 아니에요.

그리고 수어에 대해서도 알아 두면 좋은 게 있어요. 수어는 손 모양만으로 말하는 게 아니에요. 표정도 손처럼 아주 중요하죠. 기쁘면 미소를 짓고 놀라면 눈을 크게 뜨는 것처럼, 표정이 함께 있어야 뜻이 더 정확하게 전달돼요. 그래서

맛있다   맛있니?

• 인공 달팽이관: 귀 안에 있는 달팽이관을 대신해 소리를 느끼게 해 주는 작은 기계. 귀에 심어서 전기 신호로 소리를 전달하며, 잘 안 들리는 사람도 소리를 느낄 수 있게 도와준다.

수어 통역하는 사람들의 표정이 풍부한 거예요. 이야기를 더 잘 전달하기 위한 진짜 '언어 표현'인 셈이죠.

   사람마다 말하는 방법은 다르지만, 진심을 전하려는 마음은 같아요. 우리가 조금만 다르게 표현하고 서로의 방식에 귀를 기울이면 말없이도 친구가 될 수 있어요. 은찬이처럼 '치킨 먹고 싶어.'라는 수어를 따라 하며 웃을 수 있는 거죠. 손으로 말하고 눈으로 듣는 세상도 우리가 경험하는 세상과 다르지 않아요. 알면 이해할 수 있어요. 그리고 이해하면 함께할 수 있어요.

02
이유가 있는 행동

생각을 조리 있게 말하지 못해 답답했던 적이 있나요? 하고 싶은 말이 마음속에 가득하지만, 말로 꺼내기 전에 눈물이 먼저 나왔던 적은요? 누구에게나 그런 순간이 있어요. 어떤 행동이든 그 속엔 다 이유가 있어요.

태훈이도 마찬가지였어요. "지금 몇 시야? 선생님 언제 와?" 같은 말을 계속 반복할 때, 어떤 친구들은 '왜 자꾸 저래?' 하고 불편해했어요. 하지만 나중에는 알게 됐죠. 태훈이처럼 자폐성 장애가 있는 친구들 중에는 긴장되거나 불안할 때 같은 말을 반복하거나, 같은 동작을 계속하는 친구들이 있다는 것을요. 이런 행동을 '상동 행동'이라고 해요.

상동 행동은 겉으로는 이상해 보일 수 있어요. 하지만 사실은 마음을 안정시키는 자신만의 방법일 수 있지요. 어떤 친구는 말을 반복하고, 어떤 친구는 손을 흔들거나 몸을 앞뒤로 흔들기도 해요. 물건을 일정하게 나열하거나 '조심조심' 같은 말을 반복하는 친구도 있죠. 우리도 발표 전에 괜히 다리를 떨거나 손톱을 물어뜯는 것처럼요.

또 어떤 친구들은 다른 사람의 말을 따라 하는 '반향어'를 쓰기도 해요. 예를 들어, "오늘 기분이 어때?"라고 물으면 "오늘 기분이 어때?"라고 똑같이 따라 말하는 거예요. 말이 안 되는 것 같지만, 반향어를 사용하는 친구에게는 그게 '생각하고 있다'는 표현일 수 있고, 그 뒤에 대답을 준비하고 있을 수도 있어요.

말이나 행동이 다르다고 해서 그 친구가 잘못된 건 아니에요. 누구나 표현하는 방식은 조금씩 다르고, 그 방식 안에는 저마다의 감정과 이유가 담겨 있어요. 우리가 조금 더 기다려 주고 이해하려는 마음을 갖는다면 분명히 그 친구와도 마음이 통할 수 있어요.

　진짜 친구란, 다름을 불편해하는 사람이 아니라 다름의 이유를 이해하려고 노력하는 사람이거든요.

선생님, 질문 있어요!

❶ 청각 장애가 있는 친구가 수어를 할 때 무슨 말인지 몰라서 불편하면 어떻게 해야 하죠?

말이 다르다고 해서 친구가 될 수 없는 건 아니에요. 수어를 몰라도 괜찮아요. 중요한 건 서로 마음을 전하려는 태도예요. 친구가 수어를 할 때 무슨 말인지 잘 모르겠다면 손짓이나 표정으로 반응하거나, 종이에 글씨를 써서 물어볼 수도 있어요. 핸드폰 메모장도 좋고요. 또, 입 모양을 또박또박 보여 주며 말하거나 눈을 맞추고 천천히 이야기해 주는 것도 좋아요. 무엇보다 서로를 기다려 주는 마음, '같이 이야기하고 싶어.'라는 마음이 소통의 시작이에요.

❷ 공공 장소에서 발달 장애를 가진 친구가 큰 소리를 내며 주변에 피해를 줄 때는 어떻게 해야 하죠?

발달 장애가 있는 친구는 긴장하거나 불안할 때, 큰 소리를 내거나 같은 말을 반복하기도 해요. 이런 행동은 마음을 가라앉히는 자신만의 방법일 수 있어요. 하지만 가끔은 그 소리가 너무 커서 주변 사람들이 놀라거나 불편할 수도 있죠.

그럴 땐 선생님이나 어른에게 도움을 청해 보세요. 또, "괜찮아."라고 말해 주거나, 조용히 옆에서 기다려 주는 것도 방법이에요. 행동을 멈추라고 소리를 지르거나 화를 내기보다는 왜 그런 행동을 하는지 먼저 이해하려는 마음이 가장 중요해요.

4장
장애인과 비장애인이 함께하려면?

교실 속 이야기 ❼

장애인은 불쌍한 걸까요?

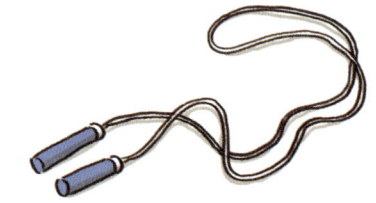

"자, 애들아! 오늘은 특별한 수업이 있어요."

선생님의 말에 아이들이 술렁이기 시작했다.

"특별한 수업? 무슨 수업이지?"

"영화 보는 건가?"

"아님 게임? 팀 나눠서?"

2교시 '생각 나누기' 시간, 칠판 위에 스크린이 켜지고 영상이 시작됐다. 산만하던 교실이 점점 조용해졌다. 영상에는 휠체어를 타고 지하철을 타는 사람, 안내견과 함께 걷는 시각 장애인, 의수*를 낀 채 요리하는 사람도 있었다. 잔잔한 음악이 흐르고, 그들의 표정이 화면에 담기기 시작했다.

영상을 보던 은찬이는 처음엔 '와, 신기하다!'라고 생각했지만, 점점 마음이 무거워졌다. 지하철 턱을 넘기 위해 애쓰는 모습, 앞이 보이지 않아 조심스럽게 손으로 더듬는 모습, 한 손으로 달걀을 깨는 모습……. 그 모습을 보니 은찬이는 괜히 한숨이 나 중얼거렸다.

"아, 사는 게 힘들겠다. 불쌍해."

작은 소리였지만, 윤아의 귀엔 들렸다. 윤아는 입술을 꾹 다물었다가 손을 번쩍 들었다.

"선생님, 저는 장애인을 불쌍한 사람이라고 말하지 않았으면 좋겠어요."

교실 안의 시계가 멈춘 듯 조용해졌다. 윤아는 숨을 한 번 고르더니 씩 웃으며 말했다.

"저는 휠체어를 타지만, 학교 다니면서 친구들이랑 수업

• 의수: 손이 없는 사람이 사용할 수 있도록 만든 인공 손.

도 들고 고무찰흙으로 고양이도 잘 만들잖아요. 할 수 있는 게 진짜 많거든요."

은찬이는 순간 등줄기를 타고 무언가 지나가는 느낌이 들었다. 선생님이 윤아를 바라보며 고개를 끄덕였다.

"아주 중요한 이야기예요. 혹시 윤아의 말을 듣고 어떤 생각이 든 친구가 있을까요?"

은찬이는 얼굴이 화끈화끈하고 손끝이 저릿했다.

'나는 그냥 힘들어 보여서 불쌍하다고 한 건데……. 윤아가 듣기엔 상처가 되는 말이었을지도 몰라.'

쉬는 시간, 윤아는 평소처럼 고무찰흙을 꺼내 강아지 귀를 꾹꾹 붙이고 있었다. 옆에는 친구들이 있었다. 아이들은 "귀가 너무 길다!", "이건 물개 아니야?" 하고 웃고 떠들었다. 은찬이는 멀찍이서 그 모습을 보고 괜히 의자 밑으로 발을 쓱 집어넣었다.

'아, 저렇게 고무찰흙도 잘 만들고 성격도 좋은 애한테 내가 불쌍하다고 했다니…….'

조용히 혼자 앉아 있던 은찬이는 윤아에게 사과해야겠다고 다짐했다.

그날 오후, 모두가 기다리던 단체 줄넘기 대회 연습 시간이었다. 윤아는 휠체어를 탄 채 농구 코트 한쪽에 있었다.

"오늘은 단체 줄넘기 대회 연습을 합니다. 조별로 연습해 볼게요. 준비된 조부터 나오세요."

"내가 줄 돌릴게."

"나 두 번째로 뛸래."

그런데 누가 "윤아도 할래?"라고 물었다. 하지만 곧이어 "아…… 줄넘기는 어렵겠다."라는 말이 따라왔다. 윤아는 살짝 웃으며 대답했다.

"괜찮아, 난 구경할게."

그 순간, 줄을 돌리던 소을이가 멈칫하더니 손을 들었다.

"선생님! 윤아는 줄넘기 못 하잖아요. 줄넘기 대신 다른 거 하면 안 돼요? 같이할 수 있는 거요."

아이들이 모두 윤아 쪽을 바라봤다. 윤아는 당황한 듯 두 손으로 휠체어 팔걸이를 꽉 잡았다. 선생님은 조용히 고개를 끄덕였다.

"좋은 생각이야! 그럼 우리 오늘은 줄넘기 대신 다른 방식으로 점수를 따는 활동을 같이해 보면 어떨까? 플라스틱 링 던지기 어떠니?"

"와, 재밌겠다! 윤아야, 너 그거 잘해? 우리 같이 팀 하자!"

민재가 큰 소리로 말했다.

윤아는 조금 놀란 얼굴로 민재를 쳐다봤다. 그리고 웃으며 씩씩하게 말했다.

"응, 던지는 건 자신 있어! 매일 휠체어를 굴려서 팔 힘이

장난 아니거든!"

윤아는 고리를 향해 플라스틱 링을 던졌다. 윤아가 던진 링이 통, 소리를 내며 고리에 쏙 들어가자 아이들이 모두 환호성을 질렀다.

"우와아! 진짜 잘 던진다!"

"한 번 더!"

"윤아 짱이다!"

"우리 팀 최고!"

아이들의 환호 속에 윤아는 밝게 웃었다. 한편 은찬이는 조용히 그 모습을 지켜봤다. 자기도 모르게 입꼬리가 올라갔다.

체육 시간이 끝나고, 운동 기구를 정리하던 은찬이는 윤아에게 살며시 다가갔다. 은찬이는 조금 망설이다 작은 목소리로 말을 걸었다.

"윤아야…… 그거, 아까…… 너 진짜 멋졌어. 링 던질 때."

윤아는 웃지도, 화가 나지도 않은 얼굴로 은찬이를 바라보았다. 은찬이는 시선을 아래로 떨구며 덧붙였다.

"그리고 오늘 아침에 내가 했던 말…… 미안해."

윤아는 은찬이를 가만히 바라보다 아주 작게 고개를 끄덕였다. 은찬이는 식은땀이 난 손바닥을 조심스레 바지에 문질러 닦았다. 그때 윤아가 링 하나를 들더니 말했다.

"이거, 생각보다 어렵다? 해 볼래?"

은찬이는 말없이 고개를 끄덕였다. 윤아가 그 모습을 보고 웃었다. 이번엔 조금 더 다정한 눈빛이었다.

교실 속 이야기 ⑧

물어봐도 될까요?

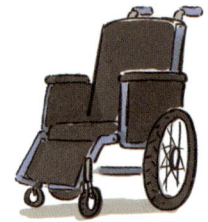

민재는 엄마와 함께 새로 생긴 도서관에 갔다. 엘리베이터를 기다리는데, 민재의 눈에 낯선 휠체어가 들어왔다. 앞에 자전거 핸들처럼 생긴 손잡이가 달려 있었고, 손잡이를 살짝 돌리자 위잉- 하는 소리와 함께 휠체어가 부드럽게 움직였다.

'와, 이건 뭐지? 전기로 움직이는 건가? 리모컨은 어디에 있지?'

민재는 궁금함을 참지 못하고 고개를 휙 돌렸다.

"저기 아저씨, 이건 뭐예요? 자동이에요?"

그 순간, 엄마가 민재의 팔을 잡아당기며 말했다.

"민재야, 그러면 안 돼. 실례잖아. 가만히 있어."

민재는 입을 꾹 다물었다. 휠체어를 탄 아저씨는 아무 말 없이 엘리베이터를 기다리고 있었다. 엘리베이터 안에서도 민재는 자꾸 그 휠체어가 눈에 들어왔고 궁금했다. 하지만 아무 말도 하지 않았다.

집으로 돌아오는 길에 민재는 조심스럽게 입을 열었다.

"근데 엄마, 난 진짜 궁금했단 말이야. 어떻게 움직이는 건지……. 그런 휠체어 처음 봤어."

엄마는 살짝 당황한 얼굴로 말했다.

"그래도 그런 건 물어보는 거 아니야. 예의가 아니잖아."

"예의가 왜 아니야? 물어보면 왜 안 되는 거야?"

"글쎄……. 그냥 그런 거야."

엄마의 대답은 민재의 마음속에 가라앉은 돌멩이처럼 무겁게 남았다.

그날 저녁, 민재는 아빠와 함께 동네 서점에 갔다. 책을 고르고 나오는 길에 작은 카페 앞에서 익숙한 위잉- 소리가 들렸다. 민재는 깜짝 놀라 고개를 돌렸다. 낮에 봤던 그 휠체어와 비슷한 휠체어를 탄 아저씨가 핸들을 돌리며 커피를 받는 모습이 보였다. 민재는 아빠의 옷자락을 잡아당겼다.

"아빠, 나 낮에 엄마랑 있을 때도 저 휠체어 봤어. 자동으로 가는 거 같아. 어떻게 움직이는 건지 궁금한데 엄마는 물어보면 안 된대. 진짜 그게 실례야?"

아빠는 멈춰 서더니 휠체어를 탄 아저씨를 힐긋 바라보다가 말했다.

"음…… 아빠도 잘 모르겠어. 궁금한 건 괜찮은데, 어떻게 말하느냐가 중요한 거 아닐까?"

"그럼 물어봐도 돼?"

"그건 상황에 따라 다를 것 같아."

민재는 고개를 끄덕였지만, 마음은 여전히 엉켜 있었다.

'물어봐도 된다는 거야, 안 된다는 거야?'

다음 날 아침, 윤아가 휠체어를 타고 교실로 들어왔다. 민재는 휠체어를 무심코 바라보다가 윤아와 잠깐 눈이 마주쳤다. 윤아가 환하게 웃으며 말했다.

"민재야, 안녕!"

민재는 당황해서 고개만 까딱했다. 쉬는 시간, 윤아가 혼자 고무찰흙을 만지고 있는 걸 본 민재는 천천히 다가가 옆에 앉았다. 한참 말이 없던 민재는 조심스럽게 물었다.

"윤아야, 너 휠체어 어떻게 움직이는 거야? 안 불편해?"

윤아는 손을 멈추더니 민재를 바라봤다.

"그냥 계속 타다 보니까 익숙해졌어. 불편한 건 없어."

"아…… 그래?"

민재는 대답을 듣고도 궁금증이 다 풀리진 않았다.

'휠체어가 불편하지 않다고? 계단도 못 올라가는데?'

더 물어보고 싶었지만, 다시 묻는 건 괜히 괴롭히는 것 같아서 묻지 않았다. 윤아의 말투에는 짜증이 배어 있는 것도 아니었고, 멋지게 꾸민 설명도 아니었다. 민재는 '익숙해졌어'라는 말이 이상하게 오래 머릿속에 남았다.

그날 오후, 민재는 노트에 그 휠체어를 조심스레 그렸다.

바퀴와 손잡이, 아래로 내려가는 긴 발판까지 천천히 떠올리며 그렸다. 그리고 노트 한쪽에 작은 말풍선을 그려 넣었다. 하지만 그 안엔 아무 말도 쓰지 않았다.

'물어봐도 될까?'

민재는 펜을 멈췄다. 말풍선은 여전히 빈칸이었다.

며칠 뒤, 민재는 혼자 편의점에 다녀오는 길에 익숙한 위잉- 소리를 들었다.

고개를 돌리자 골목 입구 카페 앞에서 한 아저씨가 휠체어를 움직이며 자리를 정리하고 있었다. 앞에 자전거 핸들처럼 생긴 조종 장치가 있는 게 며칠 전에 아빠와 함께 봤던 그 휠체어였다. 민재는 발을 멈춘 채 손가락을 주머니 안에서 한참 꼼지락거렸다.

'지금은 물어봐도 될까?'

조심스럽게 다가간 민재는 아주 작은 목소리로 물었다.

"저기 아저씨…… 저, 혹시 괜찮으시다면…… 그 휠체어 어떻게 움직이는 건지 여쭤봐도 될까요?"

아저씨가 고개를 돌려 민재를 바라봤다. 정적이 흐르자 민재는 가슴이 콩닥콩닥 뛰었다.

그때 아저씨가 웃으며 말했다.

"오, 궁금했구나? 이거? 전동 휠체어야. 여기에 배터리가 들어 있고, 이 핸들로 방향을 조절하는 거야."

민재는 놀라 가만히 바라보다가 얼른 말을 이었다.

"와, 진짜요? 리모컨은 없는 거예요?"

"리모컨이 있는 기종도 있어. 나는 손으로 조작하는 게 편해서 이걸로 다녀. 속도도 조절할 수 있어."

아저씨는 웃으며 휠체어 손잡이를 천천히 돌려 보았다. 바퀴가 아주 부드럽게 움직였다. 민재는 작게 말했다.

"아…… 물어보면 안 되는 줄 알았어요."

아저씨는 고개를 살짝 갸웃하며 말했다.

"응? 누가 그래?"

"엄마가…… 예의가 아니래서요."

"음, 아마 엄마는 실례가 될까 봐 걱정하신 걸 거야. 근데 난 괜찮아. 조심스럽게 물어봐 주면 기분 나쁠 이유가 없지. 관심을 갖는 건 좋은 거니까."

민재는 고개를 끄덕였다.

"감사합니다."

아저씨는 민재의 어깨를 툭툭 두드리며 웃었다.

"다음에 또 궁금한 거 있으면 물어봐."

민재는 걸음을 옮기며 고개를 한 번 더 돌렸다. 아저씨는 어딘가를 열심히 보고 있었다. 이윽고 휠체어가 천천히, 부드럽게 움직였다. 민재는 그 모습을 가만히 바라봤다.

01
생각을 바꾸면 다르게 보여요

 장애가 있는 사람을 볼 때 '불쌍하다'는 생각이 먼저 든 적이 있나요? 휠체어를 탄 사람이 버스에 오르려는 모습을 보며, '일어서서 걸을 수 있으면 좋을 텐데…….'라는 생각을 한 적은요?

 그런데 생각을 조금만 바꿔 보면 어때요?

 은찬이도 처음엔 윤아를 보고 그런 생각을 했어요. 하지만 그런 말은 듣는 사람에게 상처가 될 수도 있지요. 왜일까요? 장애는 불쌍한 게 아니거든요. 그저 우리에게 익숙하지 않은 다른 방식으로 살아가는 모습일 뿐이죠.

누군가는 두 다리로 걷고, 누군가는 휠체어를 타고 움직여요. 누군가는 목소리로 말하고, 누군가는 손짓과 표정으로 이야기해요. 이건 다른 거지, 틀린 게 아니에요.

윤아는 휠체어를 잘 다루고, 고무찰흙으로 동물을 아주 섬세하게 만들고, 플라스틱 링도 멋지게 던졌어요. 아이들은 그 모습을 보고 놀라워했어요. 그런데 만약 누군가 윤아를 보고 "장애가 있는데도 잘하네."라고 말한다면, 그건 장애가 있으면 잘 못할 거라고 미리 정해 둔 마음이 말속에 담겨 있는 거예요. 누구나 좋아하는 게 있고 잘하는 게 있으며, 때로는 못하는 것도 있지요. 그건 장애가 있든 없든 마찬가지예요.

물론, 장애가 있으면 불편한 상황이 생길 수 있어요. 계단을 오르내리기 어렵거나, 글씨를 읽는 데 시간이 더 걸릴 수도 있어요. 하지만 그걸 고쳐야 할 문제처럼 보는 건 잘못된 생각이에요. 오히려 우리 사회가 휠체어나 수어를 사용하는 사람도 편하게 다닐 수 있고, 함께 활동할 수 있도록 바꾸어야 해요. 예를 들어, 휠체어를 타는 사람이 쉽게 이용할 수 있는 저상 버스나 건물이 더 많아져야 하죠.

　장애인은 '특별한 능력으로 감동을 주는 사람'이 아니에요. 우리와 함께 학교에 다니고, 놀고, 웃고, 살아가는 사람이에요.

　그러니 이제는 이렇게 질문을 바꿔 보면 어때요? '걸을 수 있으면 좋을 텐데…….'가 아니라, '휠체어를 탄 친구와는 어떤 활동을 같이할 수 있을까?' 이렇게요. 생각을 바꾸면 장애는 불쌍한 게 아니라, 함께 살아가는 소중한 다름으로 보일 수 있어요.

02
서로를 **알아가는 방법**

민재는 전동 휠체어를 처음 봤을 때 궁금한 게 정말 많았어요. 이건 어떻게 움직이지? 리모컨이 있는 걸까? 궁금했죠. 그런데 엄마는 민재가 물어보자, "그러면 안 돼. 실례잖아."라고 말했어요. 민재는 마음이 복잡했어요. '나는 그냥 궁금한 건데, 물어보면 안 되는 걸까?' 하고 생각했죠.

혹시 여러분도 그런 적 있나요? 친구가 남들과 조금 다른 모습을 보일 때, 물어보고 싶었지만 괜히 실수할까 봐 망설였던 순간이요.

장애가 있는 친구가 사용하는 도구가 궁금할 때, 가장 먼

저 생각해야 할 건 그 친구의 마음이에요. 궁금한 걸 묻는 건 잘못이 아니죠. 하지만 어떻게 묻느냐에 따라 그 말은 따뜻하게도, 불편하게도 들릴 수 있어요. 예를 들어, "그거 왜 그래?"보다는 "혹시 물어봐도 될까? 궁금했는데, 괜히 실례가 될까 봐……." 이렇게 조심스럽게 배려하며 말하는 게 더 좋아요.

사실 어른들도 이런 질문을 어떻게 해야 할지 어려워해

요. 하지만 우리는 질문을 통해 서로를 알아가고, 마음을 가까이할 수 있어요. 중요한 건, 친해지고 싶은 마음을 담아 묻는 것과 어떤 대답이 돌아오든 그걸 존중하는 마음이에요. 질문을 잘하는 법을 배우면 우리는 조금 더 따뜻한 친구, 더 다정한 사람이 될 수 있어요. 민재처럼 조심스럽게 용기를 내서 다가가고 친구의 마음을 기다려 줄 수 있다면, 서로 다른 모습 속에서 진짜 친구가 될 수 있답니다.

03
배려는
특별한 일이 아니에요

 누군가를 배려하는 일이 어떤 순간엔 불편하게 느껴질 수도 있어요. 휠체어를 사용하는 사람에게 엘리베이터를 양보해서 내가 더 오래 기다릴 수도 있고, 발달 장애가 있는 친구가 갑자기 큰 소리를 내서 당황할 때도 있고요. 이런 순간엔 '왜 나만 참고 기다려야 하지?'라는 마음이 들 수도 있어요.

 그런데 조금 다르게 생각해 보면 어때요? 휠체어를 사용하는 사람이 편하게 다닐 수 있는 공간은 유아차를 사용하는 가족이나 다리를 다친 친구에게도 도움이 돼요. 소리에

 민감한 발달 장애 친구를 위해 조용한 공간이 마련되면 시끄러운 게 싫은 사람에게도 더 편한 공간이 될 수 있죠.
 이처럼 장애인을 위한 '배려'는 누군가를 특별하게 도와주는 일이 아니에요. 우리 모두가 더 편하고 안전하게 살아가기 위한 방법이죠. 오늘은 내가 잠깐 기다리지만, 내일은 누

군가가 나를 위해 문을 잡아 줄 수도 있고, 자리를 비켜 줄 수도 있어요. 배려는 '특별한 사람을 위한 특별한 행동'이 아니라, 모두가 함께 살아가기 위해 서로 해 줄 수 있는 아주 평범하고 따뜻한 마음이에요.

선생님, 질문 있어요!

❶ 장애가 있는 친구에게 맞춰서 체육 활동을 꼭 바꿔야 해요?

불편한 생각이 들 수도 있어요. '나는 줄넘기 하고 싶었는데 왜 바꿔야 하지?' 하고요. 하지만 잘 생각해 보면, 우리가 함께하는 활동은 누구도 소외되지 않는 것이 더 중요해요. 모두가 참여할 수 있는 놀이, 모두가 함께할 수 있는 수업을 하면 더 많은 친구가 웃을 수 있잖아요?

줄넘기만이 재미있는 활동은 아니에요. 링 던지기, 협동 게임, 다른 아이디어도 많죠. 만약 혼자 활동에서 빠져 있어야 한다면 그건 누구에게나 슬픈 일일 거예요.

장애가 있는 친구를 위해 특별히 양보하는 게 아니라, 우리가 함께 놀기 위한 방법을 새로 찾는 거라고 생각해 보세요. 그게 진짜 멋진 활동이고, 진짜 친구의 모습이에요.

❷ **만약 장애인 친구에게 장애에 대해 물어봤는데 대답하길 꺼린다면 어떻게 해야 하나요?**

그럴 때는 조금 조심스럽게 생각해 볼 필요가 있어요. 우리가 궁금한 걸 묻는 건 나쁜 일이 아니지만, 누군가에게는 조심스럽고 어려운 이야기일 수도 있거든요. 만약 친구가 대답하기 어렵거나 불편해한다면 "괜찮아, 말 안 해 줘도 돼." 하고 기다려 주는 마음이 아주 중요해요. 질문이 다정한 관심이라면 대답을 기다려 주는 건 진짜 배려니까요.

장애는 숨겨야 할 비밀이 아니지만, 그걸 언제, 어떻게, 누구에게 이야기할지는 그 친구가 결정할 일이에요. 혹시 지금은 말할 준비가 안 되어 있을 수도 있고, 아직은 조금 더 친해지고 난 다음에 이야기하고 싶을 수도 있거든요. '나는 네가 어떤 모습이든 친구로서 궁금했고 알고 싶었어.'라는 마음을 전하면 돼요.

부록

우리가 서로를
이해하기
시작할 때

정상인이라는 말, 정말 괜찮은 걸까요?

 우리는 일상에서 '정상인'이라는 말을 자주 들어요. "정상인은 이렇고, 장애인은 저렇다." 같은 말이죠. 그런데 이 말, 정말 괜찮은 걸까요?
 '정상'이라는 말은 '보통', '평범함', 또는 '기준에 맞는 상태'를 뜻해요. 그러면 장애인은 그 기준에서 벗어난 사람일까요? 정말 그렇다면, 장애인은 비정상일까요?
 사실 우리 모두는 달라요. 키도 다르고, 목소리도 다르고, 어떤 사람은 말을 빠르게 하고, 어떤 사람은 휠체어를 타고 다녀요. 누군가는 글씨를 잘 쓰고, 누군가는 밥을 천천히 먹어요. 이런 다름은 이상한 게 아니에요.

그런데 '정상인'이라는 말을 쓰면, 다르게 살아가는 사람들을 '정상이 아닌 사람'으로 구분하게 돼요. 그래서 우리는 이 말을 조심해야 해요.

지금은 '장애인-비장애인'이라는 표현을 써요. 이 말은 누가 더 낫다는 뜻도, 잘났다는 뜻도 없어요. 그냥 서로 다른 방식을 가진 사람이라는 뜻이에요.

예전에는 '장애우'라는 말을 쓰기도 했지만 요즘은 쓰지 않아요. '우(友)'는 친구라는 뜻인데, 굳이 장애인만 특별히 '친구'라고 부르는 건 오히려 구별하는 말이 될 수 있기 때문이에요.

말에는 힘이 있어요. 누군가를 웃게도 만들고 상처받게도 만들죠. 우리가 쓰는 말 하나가 누군가에게는 '나와 너는 다르다'는 말처럼 들릴 수 있어요. 그러니 말할 때 조금만 더 생각해 보면 어떨까요? '정상인'이라는 단어 대신 '비장애인'이라는 말을 써 보는 거예요. 작은 행동이지만, 세상을 더 따뜻하게 바꾸는 첫걸음이 될 수 있어요. 말을 바꾸면 생각이 달라지고, 생각이 달라지면 마음도 가까워져요.

　다음 장에서 장애와 관련하여 잘못된 표현과 바른 표현을 함께 살펴보아요.

잘못된 표현	바른 표현	이유와 설명
정상인	비장애인	'정상'이라는 말은 어떤 사람은 '정상', 어떤 사람은 '비정상'처럼 들릴 수 있어요. '장애가 없는 사람'은 '비장애인'이라고 부르는 게 차별 없는 표현이에요.
장애우	장애인	'장애우'는 친구라는 뜻이에요. 하지만 장애인만 따로 '친구'라고 부르면 오히려 구별하는 표현이 될 수 있어서 지금은 잘 사용하지 않아요. 또, 장애를 가진 사람 중에는 어른도 있으니 모두를 친구라고 하는 것은 잘못된 표현이에요.
불구	장애	'불구'는 부정적이고 차별적인 느낌을 주는 말이에요. 장애가 있는 사람을 낮추어 보는 표현이라 사용하지 않는 것이 좋아요.
벙어리, 귀머거리	언어 장애인, 청각 장애인	'벙어리', '귀머거리'는 듣거나 말하기 어려운 사람을 놀리듯 표현하는 말이에요. 대신 '언어 장애인', '청각 장애인'처럼 상황을 정확히 표현하는 말이 바람직해요.
장님	시각 장애인	'장님'은 예전부터 쓰이던 말이지만, 차별적인 인식을 줄 수 있어요. '시각 장애인'이라는 표현이 더 정확하고 존중하는 말이에요.
정상이 아니다	장애가 있다	'정상이 아니다'라는 표현은 장애인을 비정상처럼 느끼게 해요. 대신 '장애가 있다'처럼 있는 그대로 표현하는 것이 좋아요.
병신	(사용하지 않기)	'병신'은 매우 모욕적이고 나쁜 말이에요. 어떤 상황에서도 사용해서는 안 돼요.

장애인의 날은
왜 생겼을까요?

 매년 4월 20일은 '장애인의 날'이에요. 이날은 1981년, '세계 장애인의 해'를 기념해서 우리나라에서 처음 만들어졌어요. 장애를 가진 사람이 차별받지 않고, 누구와도 함께 살아갈 수 있는 세상을 만들기 위해 만들어진 날이에요. 참고로, '국제 장애인의 날'은 12월 3일이랍니다.
 그런데 장애인의 날이라고 해서 장애인을 특별하게 축하하거나 대단한 사람처럼 여기는 날은 아니에요. 오히려 이렇게 생각해 보자는 뜻이 담겨 있어요.
 "휠체어를 탄 사람은 왜 아직도 계단 앞에서 멈춰야 할까?"

"수어를 쓰는 친구와는 어떻게 소통할 수 있을까?"

"우리 학교에는 누구든지 편하게 다닐 수 있는 공간이 마련돼 있을까?"

이런 질문을 함께 나누고, 장애에 대한 이해와 변화의 필요성을 돌아보는 날인 거죠. 그래서 어떤 사람들은 이날을 '장애인 차별 철폐의 날'이라고 부르기도 해요. 장애인의 날이 되면 많은 곳에서 체험 활동과 전시, 강연도 열려요. 직접 수어로 인사해 보기, 점자책 읽기, 휠체어를 타고 이동해 보기 같은 체험을 통해 우리는 장애가 있는 사람들의 생활을 조금 더 가까이에서 이해하게 돼요. 하지만 가장 중요한

건 이 하루가 주는 생각의 기회예요.

"나는 혹시 말이나 행동으로 장애인 친구를 곤란하게 한 적이 없었을까?"

"장애가 있는 친구를 더 잘 이해하고 싶다면 나는 무엇을 해야 할까?"

혹시 여러분이 우리 반만의 '이해의 날'을 만든다면, 어떤 날이 될까요? 누구에 대해 더 알고 싶고, 어떤 마음을 나누고 싶나요? 장애인의 날은 우리가 함께 살아가기 위해 생각을 나누는 날이에요. 이런 날들이 많아진다면 우리 사회도 조금 더 따뜻해질 수 있어요.

장애인은 어떤 직업을
가질 수 있을까요?

 혹시 장애인은 특별한 직업만 가질 수 있다고 생각한 적 있나요? 사실은 그렇지 않아요. 장애와 함께 살아가는 사람들도 정말 다양한 일을 하며 살아가고 있어요. 요리사, 교사, 배우, 디자이너, 운동선수, 바리스타, 웹툰 작가까지 우리가 알고 있는 직업 대부분은 누구에게나 열려 있는 일이에요.

 예를 들어, 발달 장애인이 음료를 만드는 카페에서 일하고, 청각 장애인이 빵을 굽는 베이커리도 있어요. 휠체어를 타고 사무실에 출근하는 직장인, 입에 붓을 물고 그림을 그

리는 화가도 있고요. 소리에 민감한 자폐성 장애인이 조용한 환경에서 집중해 코딩을 하기도 해요. 그리고 패럴림픽에 출전해 메달을 따는 선수도 있죠.

어떤 일은 장애가 있기 때문에 더 잘할 수도 있어요. 예를 들어, 시각 장애인이 후각에 더 민감해 향기를 감별하는 향수 전문가가 되기도 하고, 청각 장애인이 진동을 느끼며 음악을 해석해 춤을 추는 무용수가 되기도 해요.

세계적으로 유명한 환경 운동가 그레타 툰베리는 자폐 스펙트럼을 가지고 있고, 과학자 니콜라 테슬라도 신경 발달 차이를 가졌던 것으로 알려져 있어요. 이들은 장애가 '있음에도 불구하고' 잘한 게 아니라, 자신의 특성과 방식을 있는 그대로 받아들이고 세상과 연결되며 살아간 거예요.

직업은 장애가 있느냐 없느냐로 정해지는 게 아니에요. 내가 누구인지, 무엇을 좋아하는지, 어떤 일을 할 때 기쁘고 보람을 느끼는지가 더 중요한 기준이에요. 혹시 여러분은 어떤 일을 할 때 즐겁나요? 그 일이 언젠가 나만의 멋진 직업이 될 수도 있어요. 그리고 그 직업은 장애가 있어도, 없어도 누구에게나 어울릴 수 있답니다.

간단한 활동

내가 본 다름, 내가 배운 마음

이 책을 읽고 어떤 생각이 들었나요? 아래 문장을 자유롭게 써 보세요.

* 내가 이야기 속에서 가장 기억에 남는 장면은 _____
_____ 입니다.

왜냐하면 _____ 이기 때문입니다.

* 나와 다르게 움직이거나 말하는 친구를 보았을 때, 나는 _____
_____.

* 이제 나는 다름을 보면 _____ 하고 싶어요.

* 나는 앞으로 친구들과 함께할 때 _____
_____ 마음을 가지고 싶어요.

우리의 생각을 글로 써 보면 마음속에 더 오래 남아요. 그리고 언젠가, 오늘의 글이 앞으로 다양한 사람과 함께 살아가는 용기가 될 수도 있어요.

작가의 말

여러분은 친구들과 함께 지낼 때 어떤 기분이 드나요? 즐겁기도 하고, 때로는 서운하기도 하고, 또 서로를 이해하려 애쓰는 순간들도 있지요. 이 책은 그렇게 '함께 살아가는 이야기'를 하고 싶어서 만들었어요.

우리는 모두 다른 모습과 생각을 가지고 있고, 느끼는 방식이나 살아가는 환경도 달라요. 그리고 그 '다름'은 틀림이 아니라, 우리 사회를 더 풍성하고 따뜻하게 만드는 소중한 다양성이에요. 특히 장애를 가진 친구들과의 만남은 우리에게 생각할 거리와 배울 점을 많이 안겨 줘요. 단순히 '도와줘야 할 사람'이 아니라, 함께 배우고 성장할 수 있는 친구로 바라보는 연습이 필요하죠.

 이 책을 읽는 여러분이 '왜 함께 살아가야 할까?', '장애란 무엇일까?', '서로 다르다는 건 어떤 의미일까?' 같은 질문을 스스로에게 던져 보길 바랐어요. 그리고 그 답을 찾는 과정 속에서, 서로를 존중하고 배려하며 살아가는 길도 함께 찾을 수 있었으면 좋겠어요.

 사실 이 책을 쓰면서 저도 많은 것을 다시 배우고 생각해 보게 되었어요. 어릴 적 친구들과의 추억, 교실에서 있었던 다양한 이야기들, 그리고 지금도 이어지고 있는 수많은 만남들이 떠올랐지요. 그런 경험들이 쌓여 이 책의 문장 하나하나를 썼답니다.

 사랑하는 어린이 여러분, 이 책을 읽고 나서 누군가를 조금 더 깊이 이해하게 되고 말 한마디나 행동 하나에 따뜻한 마음을 담게 된다면, 그것만으로도 이 책은 아주 소중한 역할을 해낸 것이라고 생각해요. 책의 독자가 되어 줘서 고맙습니다.

백정연

교실 속 작은 사회 ❹ 장애
장애를 왜 이해해야 할까요?

초판 1쇄 발행 2025년 11월 7일

지은이 백정연
그린이 김민우
발행인 김형보
편집 최윤경, 강태영, 임재희, 홍민기, 강민영, 박지연, 김아영
마케팅 이연실, 김보미, 김민경, 고가빈 **디자인** 김지은, 박현민 **경영지원** 최윤영, 유현

발행처 어크로스출판그룹(주)
출판신고 2018년 12월 20일 제 2018-000339호
주소 서울시 마포구 동교로 109-6
전화 070-5080-4160(편집) 070-8724-5194(영업) 팩스 02-6085-7676
이메일 across@acrossbook.com **홈페이지** www.acrossbook.com

ⓒ 백정연, 김민우 2025

ISBN 979-11-6774-247-6 (73300)

- 잘못된 책은 구입처에서 교환해드립니다.
- 이 책은 저작권법에 따라 보호를 받는 저작물이므로 무단 전재와 무단 복제를 금지하며,
  이 책의 전부 또는 일부를 이용하려면 반드시 저작권자와 어크로스출판그룹(주)의 서면 동의를 받아야 합니다.

제조자명 어크로스출판그룹(주) **제조국명** 대한민국 **사용연령** 8세 이상 **제조연월** 2025년 11월
주의 종이에 손이 베이거나 모서리에 다치지 않게 주의하세요.
KC마크는 이 제품이 공통안전기준에 적합하였음을 의미합니다.

만든 사람들
편집 박지연, 김아영 **디자인** 김지은

* 어크로스주니어는 어크로스출판그룹(주)의 어린이책 브랜드입니다.